MW00831457

LEARN DANISH WITH STARTER STORIES

Interlinear Danish to English

HYPLERN

TRANSLATION
KEES VAN DEN END

FOREWORD
CAMILO ANDRÉS BONILLA CARVAJAL PHD

Toronto

2018

ISBN: 978-1-988830-77-3

HYPLERN

LEARNING A FOREIGN LANGUAGE should not be the product of leafing through pages in a bilingual dictionary until hurting one's fingertips. Quite the contrary, everyday language use, friendly reading, and direct exposure to the language should become the path towards the mastery of vocabulary. In this manner, learners could be successful in the foreign language without too much study of grammar paradigms or rules. Indeed, Seneca expresses in his sixth epistle that "Longum iter est per praecepta, breve et efficax per exempla[1]».

The HypLern series constitutes an effort to provide a strongly effective tool for experiential foreign language learning. Those who are really interested in addressing the original literary works to learn a foreign language do not have to use

---

[1] "The journey is long through precepts, but brief and effective through examples". Seneca, Lucius Annaeus. (1961) *Ad Lucilium Epistulae Morales*, vol. I. London: W. Heinemann.

conventional graded texts or adapted versions for novice readers. The former only distort the actual essence in literary works, while the latter are highly reduced in vocabulary and relevant content. This collection aims at facilitating the lively experience for learners to go through stories as directly told by their very authors.

Most excited adult language learners tend to ask their teachers for alternatives to read writers' thoughts *in* the foreign language, rather than reading others' opinions *about* the target language. However, both teachers and learners lack a reading technique or strategy. Oftentimes, students conduct the reading task only equipped with a bilingual dictionary, a schooling grammar and lots of courage. These efforts usually end up with mis-constructed nonsensical sentences as the final product of long hours spent in an aimless translation drill.

Consequently, we have decided to develop this series of interlineal translations intended to afford a comprehensive edition of unabridged texts. These texts are presented as they were originally written with no changes in word choice or order. As a result, we have a translated piece conveying the true meaning under every word from the original work. Our readers receive then two books in just one volume: the original version and its translation.

The reading task becomes something different from a laborious exercise of patiently decoding unclear and seemingly complex paragraphs. In contrast, reading will be an enjoyable and meaningful process of cultural, philosophical and linguistic learning. Independent learners will then be able to acquire expressions and vocabulary while understanding pragmatic and socio-cultural dimensions of the target language by *reading in* it, instead of *reading about* it.

Our proposal, however, does not claim to be a novelty. Interlineal translation is as old as the Spanish tongue, e.g. "glosses of [Saint] Emilianus", interlineal bibles in Old German, and of course James Hamilton's work in the 1800s. About the latter, we remind the readers, that as a revolutionary freethinker he promoted the publication of Greco-Roman classic works and further pieces in diverse languages. His effort, such as ours, sought for lightening the exhausting task of looking words up in large glossaries as an education practice: "if there is any thing which fills reflecting men with melancholy and regret, it is the waste of mortal time, parental money, and puerile happiness, in the present method of pursuing Latin and Greek[2]".

Additionally, John Locke appears as another influential figure in the same line of thought as Hamilton. Locke is the philosopher and translator of the *Fabulae AEsopi* in an interlineal plan too. In 1600, he was already suggesting that interlineal texts, everyday communication and use of the target language could be the most appropriate ways to achieve language learning:

> ...the true and genuine Way, and that which I would propose, not only as the easiest and best, wherein a Child might, without pains or Chiding, get a Language which others are wont to be whipt for at School six or seven Years together...[3].

---

[2] In: Hamilton, James (1829?) *History, principles, practice and results of the Hamiltonian system, with answers to the Edinburgh and Westminster reviews; A lecture delivered at Liverpool; and instructions for the use of the books published on the system.* Londres: W. Aylott and Co., 8, Pater Noster Row. p. 29.

[3] In: Locke, John. (1693) *Some thoughts concerning education.* Londres: A. and J. Churchill. pp. 196-7.

Who can benefit from this edition?

We identify three kinds of readers, namely, those who take this work as a search tool, others who want to learn a language by reading authentic materials, and the last group that attempts to read writers in their original language. The HypLern collection constitutes a very effective instrument for all of them.

➢ For the first target audience, this edition represents a search tool to connect their mother tongue with that of the writer's. Therefore, they have the opportunity to read over an original literary work in an enriching and certain manner.

➢ For the second group, reading every word or idiomatic expression in their actual context of use will yield a strong association among the form, the collocation and context. This very fact will have an impact on long term learning of passive vocabulary, gradually facilitating the reading in their original language. This book stands for an ideal friend not only of independent learners, but also of those who take lessons with a teacher. Simultaneously, the continuous feeling of achievement produced in the process of reading original authors is also a stimulating factor to empower the study[4].

➢ Finally, the third kind of readers may as well have the same benefits as the previous ones. In effect, they definitely count on a unique version from its style. The closeness feature of our interlineal texts is even broader than collections, such as the Loeb Classical Library. Although their works could be the most famous in this genre, their presentation of texts in opposite pages hinders the link between words and their semantic equivalence in our tongue.

---

[4] Some further ways of using the present work include:

1. As Reading goes on, learners can draw less on the under line (i.e. the English translation). Instead, they could try to read through the upper line with text in the foreign language.

2. Even if you find glosses or explanatory footnotes about the mechanics of the language, you should make your own hypothesis on word formation and syntactical function in a sentence. Feel confident about inferring your language rules and test them progressively. You could also take notes concerning those idiomatic expressions or special language usage that calls your attention for later study.

3. As soon as you finish each text, check the reading in the original version (with no interlineal or parallel translation). This will fulfil the main goal of this collection: bridging the gap between readers and the original literary works, training them to read directly and independently.

Why interlinears?

Conventionally speaking, tiresome reading in tricky circumstances and through dark exhausting ways has been the common definition of learning by texts. This collection offers a friendly reading format where the language is not a *stumbling block* anymore. Contrastively, our collection presents a language as a vehicle through which readers could attain and understand their authors' written ideas.

While learning to read, most people are urged to use the dictionary and distinguish words in multiple entries. We help readers skip the hard and vague step on uncertainties from grammar paradigms and several meanings. In so doing, readers have the chance to invest energy and time in understanding the text and learning vocabulary; they read quickly and easily as a skilled horseman cantering through a book.

Thereby we stress on the fact that our proposal is not new at all. Others have tried the same before, coming up with evident and substantial outcomes. Certainly, we will not be pioneers in designing interlineal texts, but we are nowadays the only, and doubtless, the best in providing you with interlinear foreign language texts.

HANDLING INSTRUCTIONS

Using this book is very easy. Each text should be read three times at least in order to explore the whole potential of the method. Firstly, the reading is devoted to compare words in the foreign language to those in the mother tongue. This is to say the upper line is contrasted to the lower line as the example shows:

Hanc	materia,	quam	auctor	Aesopus	repperit,
This	*matter*	*which*	*the-author*	*Aesop*	*has-found,*

ego	polivi	versibus	senariis.
I	*have-polished*	*with-verses*	*of-six-feet-each.*

Reading needs to be carried out as follows:

Hanc *this* materiam, *matter* quam *which* auctor *the-author* Aesopus *Aesop* repperit, *has-found* ego *I* polivi *have-polished* versibus *with-verses* senariis *of-six-feet-each* etc…

The second phase of reading focuses on catching the meaning and sense from the English line. Readers should cover the under line with a piece of paper as we illustrate in the next picture. Subsequently, they try to guess the meaning of every word and whole sentences drawing on the translation only if necessary.

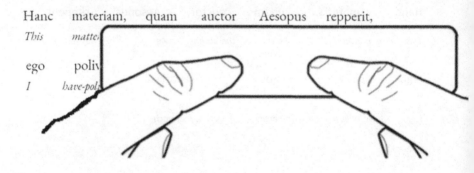

Finally, readers will be able to understand the message in the text when reading it without additional help.

> Hanc materiam, quam auctor Aesopus repperit, ego polivi versibus senariis...

Above all, readers will not have to look every word up in a dictionary to read a text in the foreign language. This time they will particularly concentrate on their principal interest. These new readers will tackle authentic texts while learning their vocabulary and expressions to use in further communicative (written or oral) situations. This book is the first work from an overall series with the same purpose. It really helps those who are afraid of having "poor vocabulary" feel unconfident about reading directly in the language. To all of them, welcome to the amazing experience of living a foreign language.

Table of Contents

Det er ganske vist

Det	er	ganske	vist!
That	is	totally	true

"Det	er	en	frygtelig	historie!"	sagde	en	høne,	og	det
That	is	a	terrible	story	said	a	hen	and	it

omme	i	den	kant	af	byen,	hvor	historien	ikke
happened	in (on)	the	side	of	the village	where	the story	not

var	passeret.	"Det	er	en	frygtelig	historie	i
was	passed had happened	That	is	a	terrible	story	in

hønsehuset!	jeg	tør	ikke	sove	alene	i	nat!	det	er
the hen house (the chicken coop)	I	dare	not	sleep	alone	in	(the) night	it	is

godt	at	vi	er	mange	sammen	på	hjalet!"	–	Og
good	that	we	are	many	together	on	the laths rack (the roost)		And

så	fortalte	hun,	så	at	fjerene	rejste	sig	på
then	told	she	so	that	the feathers	rose	themselves	on

de	andre	høns	og	hanen	lod	kammen	falde.	Det
the	other	hens (chickens)	and	the rooster	let	the comb	fall	That

er	ganske	vist!
is	totally	true

Men	vi	vil	begynde	med	begyndelsen,	og	den	var	i
But	we	want	to begin	with	the beginning	and	that	was	in

den	anden	kant	af	byen	i	et	hønsehus.	Solen	gik
the	other	side	of	the village	in	a	hen house	The sun	went

1

ned og hønsene fløj op; en af dem, hun var
down and the hens flew up one of them she was

hvidfjeret og lavbenet, lagde sine reglementerede æg
white feathered and low legged laid her regulated eggs

og var, som høne, respektabel i alle måder; idet hun
and was as hen respectable in all manners in that she
every way (as)

kom til hjals, pillede hun sig med næbbet, og
came to (the) laths rack peeled she herself with the beak and
in the chicken coop (pecked)

så faldt der en lille fjer af hende.
then fell there a little feather off her

"Der gik den!" sagde hun, "jo mere jeg piller mig,
There went it said she well more I peel myself
(the) (peck)

des dejligere bliver jeg nok!" Og det var nu sagt i
the nicer become I still And that was now said in

munterhed, for hun var det muntre sind mellem de
positivity for she was the cheerful mind between the

høns, i øvrigt, som sagt, meget respektabel; og så
hens in moreover as said very respectable and then

sov hun.
slept she

Mørkt var det rundt om, høne sad ved høne og
Dark was it round about hen sat with hen and

den, som sad hende nærmest, sov ikke; hun hørte
the one who sat her closest slept not she heard

2

og hun ikke hørte, som man jo skal i denne
and she not heard as one well shall in this
     ignored

verden, for at leve i sin gode rolighed; men sin
world for to live in ones good calm but her

anden naboerske måtte hun dog sige det: "Hørte du
other neighbor must her however say that Heard you

hvad her blev sagt? Jeg nævner ingen, men der er
what here became said I name no one but there is

en høne, som vil plukke sig, for at se godt ud!
a hen who wants to pick herself for to see good out
                                           look good

var jeg hane, ville jeg foragte hende!"
was I rooster would I despise her

Og lige oven over hønsene sad uglen med uglemand
And right above over the hens sat the owl with owl man

og uglebørn; de har skarpe ører i den familie, de
and owl children they have sharp ears in the family they

hørte hvert ord, som nabohønen sagde, og de
heard each word which the neighbor hen said and they

rullede med øjnene og uglemor viftede sig med
rolled with the eyes and owl mother waved herself with

vingerne: "Hør bare ikke efter! men I hørte sagtens
the wings Hear only not after but you heard softly
             Don't listen

hvad der blev sagt? Jeg hørte det med mine egne
what there became said I heard it with my own

ører, og man skal høre meget før de falder af!
ears and one shall hear much before they fall off

3

Der er en af hønsene, som i den grad har glemt,
It is one of the hens who in that degree has forgotten
(such a)

hvad der skikker sig en høne, at hun sidder og
what it suits itself a hen that she sits and

piller alle fjerene af sig og lader hanen se på
pecks all the feathers off herself and lets the rooster look at

det!"
it

"Prenez garde aux enfants!" sagde uglefader, "det er
Keep watch on the children said owl father that is
Watch out for

ikke noget for børnene!"
not something for the children

"Jeg vil dog fortælle genbougle det! det er sådan
I want however tell neighbor owl that it is such

en agtværdig ugle i omgang!" og så fløj mutter.
a respectful owl in (the) dealings and so flew mother
(talking to)

"Hu-hu! uhuh!" tudede de begge to og det lige ned
hoo-hoo hoohoo hooted they both two and it right down

i genboens dueslag til duerne. "Har I hørt det!
in the neighbor's dovecote to the doves Have you heard it

har I hørt det! uhuh! der er en høne, som har
have you heard it hoohoo there is a hen who has

4

plukket alle fjerene af sig for hanens skyld! hun
pecked all the feathers off herself for the rooster's sake she

fryser ihjel, om hun ikke er det, uhuh!"
freezes to death if she not is that (already) hoohoo

"Hvor? hvor?" kurrede duerne!
Where where cooed the doves

"I genboens gård! jeg har så godt som selv set det!
In the neighbors yard I have so good as self seen it

det er næsten en upassende historie at fortælle! men
it is almost an unfitting story to tell but
(inappropriate)

det er ganske vist!"
it is all true

"Tror, tror hvert evige ord!" sagde duerne, og
Believe believe each eternal word said the doves and

kurrede ned til deres hønsegård: "Der er en høne, ja
cooed down to their chicken coop There is a hen yes

der er somme der siger, at der er to, som har
there is some who say that there are two who have

plukket alle fjerene af sig, for ikke at
pecked all the feathers off themselves for not to

se ud som de andre og således vække hanens
see out as the others and in such a way awake the rooster's
look like

opmærksomhed. Det er et voveligt spil, man kan
notice That is a daring game one can
(dangerous)

5

forkøle	sig	og	dø	af	feber,	og	de	er	døde	begge
cool down	oneself	and	die	of	fever	and	they	are	dead	both

to!"
two

"Vågn	op!	vågn	op!"	galede	hanen	og	fløj	op	på
Wake	up	wake	up	crowed	the rooster	and	flew	up	on

plankeværket,	søvnen	sad	ham	endnu	i	øjnene,	men
the board-works (the fence)	the sleep	sat	him	still	in	the eyes	but

han	galede	alligevel:	"Der	er	tre	høns	døde	af
he	crowed	nonetheless	There	are	three	hens	dead	from

ulykkelig	kærlighed	til	en	hane!	de	havde	plukket	alle
unhappy	love	for	a	rooster	they	had	pecked	all

fjerene	af	sig!	det	er	en	fæl	historie,	jeg	vil
the feathers	off	themselves	that	is	a	bad	story	I	want

ikke	beholde	den,	lad	gå	videre!"
not	retain	it	let (it)	go	further

"Lad	gå	videre!"	peb	flagermusene,	og	hønsene
Let (it)	go	further	peeped	the bats	and	the hens

klukkede	og	hanerne	galede:	"Lad	gå	videre!	lad	gå
clucked	and	the roosters	crowed	let (it)	go	further	let (it)	go

videre!"	og	så	fór	historien	fra	hønsehus	til
further	and	so	carried	the story	from	hen-house (chicken-coop)	to

6

hønsehus og til sidst tilbage til stedet, hvorfra den
hen-house and at last back to the place where from it

egentlig var gået ud.
actually was gone out

"Der er fem høns," hed det, "som alle har
There are five hens was named it who all have
(went)

plukket fjerene af sig, for at vise, hvem af dem
pecked the feathers off themselves for to show who of them

der var blevet magrest af kærestesorg til hanen,
there was remained (the) skinniest of love-worry for the rooster
(love-sickness)

og så hakkede de hinanden til blods og faldt døde
and so chopped they each other until blood and fell dead

ned, til skam og skændsel for deres familie og til
down to shame and disgrace for their family and to

stort tab for ejeren!"
great loss for the eggs

Og hønen, som havde mistet den løse lille fjer,
And the hen who had missed the loose little feather
(lost)

kendte naturligvis ikke sin egen historie og da
knew of course not her own story and since
igen,
again
of course did not recognize her own story

hun var en respektabel høne, så sagde hun: Jeg
she was a respectable hen so said she I

foragter de høns! men der er flere af den slags!
despise those hens but there are more of that sort

7

Sligt skal man ikke fortie, og jeg vil gøre mit
Such things shall one not conceal and I want to do along

til, at den historie kan komme i avisen, så går
for that the story can come in the newspaper so goes

den landet over; det har de høns fortjent og familien
it the land over that have the hens deserved and the family

med!"
along
(also)

Og det kom i avisen og det blev trykt og
And that came in the newspaper and it became printed and

det er ganske vist: En lille fjer kan nok blive til
it is totally true A little feather can enough become to

fem høns!
five hens
(chickens)

Den lille pige

Den lille pige med svovlstikkerne
The little girl with the sulphur sticks
(the matchsticks)

Det var så grueligt koldt; det sneede og det begyndte
It was so terribly cold it snowed and it started

at blive mørk aften; det var også den sidste
to become dark (in the) evening that was also the last

aften i året, nytårsaften. I denne kulde og i
evening in the year new year's evening In that cold and in

dette mørke gik på gaden en lille, fattig pige med
that darkness went on the street a little poor girl with

bart hoved og nøgne fødder; ja hun havde jo
bare head and naked feed yes she had well

rigtignok haft tøfler på, da hun kom hjemme fra;
really had slippers on when she came home from

men hvad kunne det hjælpe! det var meget store
but what could that help that were very big

tøfler, hendes moder havde sidst brugt dem, så store
slippers her mother had last used them so big

var de, og dem tabte den lille, da hun skyndte
were they and them lost the girl when she hasted

sig over gaden, idet to vogne fór så grueligt
herself over the street in that two coaches drove so terribly
(while)

stærkt forbi; den ene tøffel var ikke at finde og den
strong past the one slipper was not to find and the
(fast)

9

anden løb en dreng med; han sagde, at den kunne
other ran a boy with he said that it could

han bruge til vugge, når han selv fik børn.
he use to cradle when he (him)self got children
(as)

Dér gik nu den lille pige på de nøgne små fødder,
There went now the little girl on the naked small feet
(bare)

der var røde og blå af kulde; i et gammelt
which were red and blue from cold in an old

forklæde holdt hun en mængde svovlstikker og ét
apron held she a number of sulphur sticks and one
(matchsticks)

bundt gik hun med i hånden; ingen havde den hele
bundle went she with in the hand no one had the whole

dag købt af hende; ingen havde givet hende en lille
day bought of her no one had given her a little

skilling; sulten og forfrossen gik hun og så så
shilling hungry and frozen went she and looked so

forkuet ud, den lille stakkel! Snefnuggene faldt i
cowed out the little poor thing Snowflakes fell in

hendes lange gule hår, der krøllede så smukt om
her long yellow hair which curled so lovely around
(blond)

nakken, men den stads tænkte hun rigtignok ikke på.
the neck but that stuff thought she really not on
(of)

Ud fra alle vinduer skinnede lysene og så lugtede
Out from all windows shone the lights and so smelled

10

der	i	gaden	så	dejligt	af	gåsesteg;	det	var	jo
it	in	the street	so	lovely	of	goose-steak (roasted goose)	it	was	well

nytårsaften,	ja	det	tænkte	hun	på.
new year's evening	yes	that	thought	she	on (of)

Henne	i	en	krog	mellem	to	huse,	det	ene	gik
Her	in	a	corner	between	two	houses	the	one (house)	went

lidt	mere	frem	i	gaden	end	det	andet,	der	satte
(a) little	more	forward	in	the street	than	the	other	there	set

hun	sig	og	krøb	sammen;	de	små	ben	havde	hun
she	herself	and	crawled	together	the	small	legs	had	she

trukket	op	under	sig,	men	hun	frøs	endnu	mere	og
withdrawn	up	under	herself	but	she	froze	still	mere	and

hjem	turde	hun	ikke	gå,	hun	havde	jo	ingen
home	dared	she	not	to go	she	had	well	no

svovlstikker	solgt,	ikke	fået	en	eneste	skilling,	hendes
matchsticks	sold	not	gotten	a	single	shilling	her

fader	ville	slå	hende	og	koldt	var	der	også	hjemme,
father	would	beat	her	and	cold	was	it	also	at home

de	havde	kun	taget	lige	over	dem	og	der	peb
they	had	only	the roof	lie	over	them	and	there	peeped

vinden	ind,	skønt	der	var	stoppet	strå	og	klude	i
the wind	inside	although	it	was	stuck	straw	and	rags	in

de	største	sprækker.	Hendes	små	hænder	var	næsten
the	biggest	slits	Her	small	hands	were	almost

ganske	døde	af	kulde.	Ak!	en	lille	svovlstik	kunne
totally	dead	of	cold	Ah	one	little	matchstick	could

gøre godt. Turde hun bare trække én ud af bundtet,
do well Dared she only pull one out of the bundle

stryge den mod væggen og varme fingrene. Hun trak
strike it against the wall and warm the fingers She pulled

én ud, "ritsch!" hvor sprudede den, hvor brændte den!
one out zip how sparked it how burned it

det var en varm, klar lue, ligesom et lille lys, da
it was a warm clear flame just like a little candle when
(bright)

hun holdt hånden om den; det var et underligt lys!
she held the hand around it it was a wonderful light

Den lille pige syntes hun sad foran en stor
The little girl felt she sat before a large

jernkakkelovn med blanke messingkugler og
iron-tile-furnace with white brass balls and
(stove)

messingtromle; ilden brændte så velsignet, varmede så
brass drum the fire burned so blessedly warmed so

godt! nej, hvad var det! - Den lille strakte
well no what was that The little (one) stretched

allerede fødderne ud for også at varme disse, - - da
already the feet out for also to warm these then

slukkedes flammen, kakkelovnen forsvandt, - hun sad
slackened the flame the tile furnace disappeared she sat
(went out)

med en lille stump af den udbrændte svovlstik i
with a little stump of the burned out matchstick in

hånden.
the hand

En ny blev strøget, den brændte, den lyste, og
A new (one) became struck it burned it shone and
(was)

hvor skinnet faldt på muren, blev denne gennemsigtig,
where the shine fell on the wall became it transparent

som et flor; hun så lige ind i stuen, hvor
like a flower she saw straight inside in the living room where

bordet stod dækket med en skinnende hvid dug, med
the table stood set with a shining white cloth with

fint porcelæn, og dejligt dampede den stegte gås, fyldt
fine china and lovely steamed the roasted goose filled

med svesker og æbler! og hvad der endnu var
with prunes and apples and what there still was

prægtigere, gåsen sprang fra fadet, vraltede hen af
more beautiful the goose jumped from the dish waddled away off
(on)

gulvet med gaffel og kniv i ryggen; lige hen til
the floor with fork and knife in the back straight away to

den fattige pige kom den; da slukkedes svovlstikken
the poor girl came it then extinguished the matchstick

og der var kun den tykke, kolde mur at se.
and there was only the thick cold wall to see

Hun tændte en ny. Da sad hun under det
She lit a new (one) Then sat she under the

dejligste juletræ; det var endnu større og mere
most beautiful Christmas tree it was even bigger and more

pyntet, end det hun gennem glasdøren havde set hos
decorated than that she through the glass door had seen with

13

den rige købmand, nu sidste jul; tusinde lys
the rich merchant now last Christmas thousands (of) lights

brændte på de grønne grene og brogede billeder, som
burned on the green branches and mosaic pictures as

de der pynter butiksvinduerne, så ned til hende.
the ones that decorate the shop windows looked down at her

Den lille strakte begge hænder i vejret - da
The little one stretched both hands in the air then

slukkedes svovlstikken; de mange julelys gik højere
extinguished the matchstick the many Christmas lights went higher

og højere, hun så de var nu de klare stjerner, én
and higher she saw they were now the bright stars one

af dem faldt og gjorde en lang ildstribe på himlen.
of them fell and made a long fire-stripe on the heaven

"Nu dør der én!" sagde den lille, for gamle
Now dies there one said the little (one) for old

mormor, som var den eneste, der havde været god
grandma who was the only (one) who had been good

mod hende, men nu var død, havde sagt: Når en
to her but now was dead had said When a

stjerne falder, går der en sjæl op til Gud.
star falls goes there a soul up to God

Hun strøg igen mod muren en svovlstik, den lyste
She struck again against the wall a matchstick it burned

rundt om, og i glansen stod den gamle mormor, så
round around and in the shine stood the old grandma so

klar, så skinnende, så mild og velsignet.
clear so shining so friendly and blessed

"Mormor!" råbte den lille, "Oh tag mig med! jeg
Grandma shouted the little (one) Oh take me along I

ved, du er borte, når svovlstikken går ud; borte
know you are gone when the matchstick goes out away
extinguishes

ligesom den varme kakkelovn, den dejlige gåsesteg og
just like the warm tile-oven the lovely goose steak and
(stove) (roasted goose)

det store velsignede juletræ!" - og hun strøg i hast
the large blessed Christmas tree and she stroke in haste

den hele rest svovlstikker, der var i bundtet, hun
the whole rest matchsticks there were in the bundle she

ville ret holde på mormor; og svovlstikkerne lyste
wanted right hold on grandmother and the matchsticks shone

med en sådan glans, at det var klarere end ved den
with a such shine that it was brighter and with the

lyse dag. Mormor havde aldrig før været så
light (of) day Grandmother had never before been so

smuk, så stor; hun løftede den lille pige op på sin
beautiful so large she lifted the little girl up on her

arm, og de fløj i glans og glæde, så højt, så højt;
arm and they flew in shine and happiness so high so high

15

og der var ingen kulde, ingen hunger, ingen angst, -
and there was no cold no hunger no fear

de var hos Gud!
they were with God

Men i krogen ved huset sad i den kolde
But in the corner at the house sat in the cold

morgenstund den lille pige med røde kinder, med smil
morning hour the little girl with red cheeks with smile

om munden - død, frosset ihjel den sidste aften i
around the mouth dead frozen to death the last evening in
on her lips

det gamle år. Nytårsmorgen gik op over det lille
the old year New year's morning went up over the little

lig, der sad med svovlstikkerne, hvoraf et knippe
corpse which sat with the matchsticks where from a bundle

var næsten brændt. Hun har villet varme sig! sagde
were almost burned She has wanted to warm herself said

man; ingen vidste, hvad smukt hun havde set, i
people no one knew what beauty she had seen in

hvilken glans hun med gamle mormor var gået ind
which shine she with old grandmother was gone in
(had)

til nytårs glæde!
to new year's joy

16

Det Utroligste

Det	Utroligste
The	Most unbelievable

Den	som	kunne	gøre	det	utroligste	skulle	have
The one	who	could	do	the	most unbelievable	would	have

kongens	datter	og	det	halve	rige.
the king's	daughter	and	the	half	kingdom

half the kingdom

De	unge	mennesker,	ja	de	gamle	med,	anspændte	alle
The	young	people	yes	the	old	along	strained	all

deres	tanker,	sener	og	muskler;	to	spiste	sig	til
their	thoughts	tendons	and	muscles	two	ate	themselves	to

døde	og	én	drak	sig	ihjel	for	at	gøre	det
death	and	one	drank	himself	to death	for	to	do	the

utroligste	efter	deres	smag,	men	det	var	ikke	på
most unbelievable	after (as to)	their	taste	but	it	was	not	on

den	måde,	det	skulle	gøres.	Små	gadedrenge	øvede
the	manner	(that) it	should	be done	Small	street boys	practiced

sig	hver	i	at	spytte	sig	selv	på	ryggen,	det
themselves	each	in	to	spit	themselves	self	on	the back	that

anså	de	for	det	utroligste.
on-saw (took)	they	for	the	most unbelievable

På en bestemt dag skulle det fremvises, hvad enhver
On a certain day should it be shown what each

havde at fremvise som det utroligste. Der var ansat
had to show as the most unbelievable It was taken

som dommere børn fra tre år til folk op i
as judges children from three year(s) (up) to folk up in

de halvfems. Der blev en hel udstilling af
the nineties It became a whole exhibition of
(their)

utrolige ting, men alle var snart enige om at det
unbelievable things but all were soon agreed about that the

utroligste var her et stort stueur i foderal,
most unbelievable was here a large clockwork in (a) casket

mærkværdigt udspekuleret uden og inden. Ved hvert
remarkably crafted without and within With each

klokkeslæt kom der levende billeder, som viste hvad
clock-strike came there living statues who knew what

klokken var slået; det var hele tolv forestillinger med
the clock was struck it was whole twelve scenes with
(had)

bevægelige figurer og med sang og tale.
movable figures and with song and speech

"Det var det utroligste!" sagde folk.
That was the most unbelievable said people

Klokken	slog	et,	og	Moses	stod	på	bjerget	og
The clock	struck	one	and	Moses	stood	on	the mountain	and

nedskrev	på	lovens	tavler	det	første	troens	bud:
wrote down	on	the law's	tablets	the	first	faith's	command

"Der	er	kun	en	eneste	sand	Gud."
There	is	only	a	single	true	God

Klokken	slog	to,	da	viste	sig	Paradisets	have	hvor
The clock	struck	two	then	showed	itself	the Paradise's	garden	where

Adam	og	Eva	mødtes,	lykkelige	begge	to,	uden	at
Adam	and	Eve	met each other	happy	both	two	without	to

eje	så	meget	som	et	klædeskab;	de	behøvede	det
own	so	much	as	a	wardrobe	they	needed	that

heller	ikke.
neither	not

Ved	slaget	tre	viste	sig	de	hellige	tre	konger,
With	the strick	three	showed	itself	the	holy	three	kings

den	ene	kulsort,	det	han	ikke	kunne	gøre	ved,	solen
the	one	coal-black	the	he	not	could	do	with	the sun

havde	sværtet	ham.	De	kom	med	røgelse	og
had	blackened	him	They	come	with	incense	and

kostbarheder.
valuables

19

På slaget fire kom årstiderne: Foråret med
On the strike four came the year-times The before-year with
(the seasons) (The Spring)

kukkeren på en udsprunget bøgegren, sommeren med
the cuckoo on an sprung out beech branch the summer with

en græshoppe på det modne kornaks, efteråret med
a grashopper on the ripened corn ears the after-year with
(the Autumn)

en tom storkerede, fuglen var fløjet bort, vinteren med
an empty stork nest the bird was flown away the winter with
(had)

en gammel krage, der kunne fortælle historier i
an old crow that could tell stories in

kakkelovnskrogen, gamle minder.
the tile-oven-corner old memories

Slog klokken fem viste sig de fem sanser: Synet
Struck the clock five showed itself the five senses: The vision

kom som brillemager, hørelsen som kobbersmed, lugten
came as eyeglass-maker the hearing as copper smith the smell

solgte violer og skovmærker, smagen var kok og
sold violins and woodruff the taste was cook and

følelsen bedemand med sørgeflor ned til hælene.
the feeling undertaker with mourning flowers down to heels

20

Klokken	slog	seks:	Der	sad	en	spiller,	han	kastede
The clock	struck	six	There	sat	a	player	he	cast

terning	og	denne	vendte	den	højeste	side	op,	og	der
dies	and	this	turned	the	highest	side	up	and	there

stod	seks.
stood	six

Så	kom	de	syv	ugedage	eller	de	syv	dødssynder,	det
So	came	the	seven	weekdays	or	the	seven	deadly sins	that

var	folk	ikke	enige	om,	de	hørte	jo	sammen	og
were	people	not	agreed	about	they	belonged	well	together	and

var	ikke	let	at	skille.
were	not	easy	to	differentiate

Så	kom	et	munkekor	og	sang	ottesang.
Then	came	a	monk choir	and	sang	eight-song

På	slaget	ni	fulgte	de	ni	muser;	en	var	ansat
At	the strike	nine	followed	the	nine	muses	one	was	taken

ved	astronomien,	en	ved	det	historiske	arkiv,	resten
with	astronomy	one	with	the	historic	archive	the rest

hørte	til	teatret.
belonged	to	the theatre

På slaget ti trådte atter Moses frem med lovens
At the strike ten stepped again Moses forth with the law's

tavler, der stod alle Guds bud og de var ti.
tablets there stood all Gods commands and they were ten

Klokken slog igen, da hoppede og sprang små drenge
The clock struck again then hopped and jumped two boys

og piger, de legede en leg og sang dertil: "Bro,
and girls they played a game and sang there-to Bridge

bro, brille, klokken er slået elve!" og det var den
bridge glasses the clock is struck eleven and that was it
                                                (had)

slået.
struck

Nu slog den tolv, da trådte frem vægteren med
Now struck it twelve then stepped forth the guard with

kabuds og morgenstjerne, han sang det gamle
fur cap and morning star he sang the old
{archaic} {weapon}

vægtervers:
guard's verse

"Det var ved midnatstide,
It was with midnight's time

Vor Frelser han blev født!"
Our saviour he became born

22

og idet han sang, voksede roser, og de blev til
and in that (while) he sang grew roses and they became to

englehoveder, båret af regnbuefarvede vinger.
angel heads carried by rainbow colored wings

Det var yndigt at høre, det var dejligt at se. Det
It was lovely to hear it was beautiful to see The

hele var et mageløst kunstværk, det utroligste,
whole (thing) was a matchless work of art the most unbelievable

sagde alle mennesker.
said the people

Kunstneren var en ung mand, hjertensgod, barneglad,
The artist was a young man kindhearted joyful as a kid

tro ven og hjælpsom mod sine fattige forældre;
faithful friend and helpful towards his poor parents

han fortjente prinsessen og det halve rige.
he deserved the princess and the half kingdom

Afgørelsens dag var kommet, hele byen stod i stads
The decision day was (had) come whole the city stood in stand ready

og prinsessen sad på landets trone, der havde fået
and the princess sat on the lands throne that had gotten

nye krølhår, men dog ikke var blevet mere magelig
new horsehair but however not was remained more leisurely

og behagelig. Dommerne rundt om så så poliske
and comfortable The judges round around looked so knowingly

23

hen til ham der skulle vinde, og han stod frejdig og
away to him that should win and he stood peaceful and

glad, hans lykke var vis, han havde gjort det
happy his success was assured he had done the

utroligste.
most unbelievable

"Nej, det skal nu jeg gøre!" råbte lige i det
No that shall now I do shouted right in that

samme en lang knoklet kraftkarl. "Jeg er manden
same (moment) a tall bony strong-man I am the man

for det utroligste!" og så svingede han en en stor
for the most unbelievable and so swung he in a large

økse mod kunstværket.
axe towards the work of art

"Krisk! krask! kvas!" der lå det hele. Hjul og
Crash crack brushwood there lay the whole (thing) Weels and

fjedre fór rundt om, alt var ødelagt!
springs carried round around all was destroyed

"Det kunne jeg!" sagde manden; "min gerning har
That could I said the man my deed has

slået hans og slået eder alle sammen; jeg har gjort
beaten his and beaten you all together I have done

det utroligste!"
the most unbelievable

24

"Ødelægge et sådant kunstværk!" sagde dommerne. "Ja
Destroy a such work of art said the judges Yes

det var det utroligste!"
that was the most unbelievable

Hele folket sagde det samme, og så skulle han
Whole the people said the same and so shall he

have prinsessen og det halve rige, for en lov er
have the princess and the half kingdom for a promise is

en lov, selv om den er det utroligste.
a promise even if it is the most unbelievable

Der blæses fra volden og fra alle byens tårne:
There blew itself from the wall and from all the cities towers

"Bryllruppet skal fejres!" Prinsessen var slet ikke
The wedding shall be celebrated The princess was at all not

fornøjet for det, men yndig så hun ud og kostelig
pleased for that but lovely looked she out and preciously

var hun klædt på. Kirken strålede med lys, sent
was she dressed on The church beamed with candles late

på aftnen, det tager sig bedst ud. Byens adelige
on the evening it takes itself best out The city's noble

jomfruer sang og førte bruden frem, ridderskabet sang
young ladies sang and led the bride forth the knighthood sang
(the nobility)

25

og fulgte brudgommen; han knejsede som om han
and followed the groom he towered as if he

aldrig kunne knækkes over.
never could snap over

Nu holdt sangen op, der blev så stille at man
Now held the song up it became so quiet that one
stopped the singing

kunne have hørt en knappenål falde til jorden, men
could have heard a button-needle fall to the ground but

midt i den stilhed fløj med bulder og brag den
middle in the silence flew with rumble and bangs the

store kirkedør op og - "bum! bum!" der kom hele
large church door open and boom boom there came whole

urværket marcherende midt igennem kirkegangen og
the clock work marching middle in through the church walkway and

stillede sig mellem brud og brudgom. Døde mennesker
set itself between bride and groom Dead men

kan ikke gå igen, det ved vi meget godt, men et
can not go again that know we very well but a

kunstværk kan gå igen, legemet var slået i stykker,
work of art can go again the body was struck to pieces

men ikke ånden, kunstånden spøgede, og det var
but not the spirit the spirit of the work haunted and it was

ingen spøg.
no ghost

Kunstværket stod der livagtigt som da det var helt
The work of art stood there lively as when it was whole

og urørt. Klokkeslagene lød, det ene på det andet,
and untouched The clock strikes sounded the one on the other

lige til tolv, og skikkelserne der myldrede frem;
right until twelve and the figures there milled forth

først Moses; der lyste ligesom ildsluer ud af hans
first Moses that one shone like fireflames out of his

pande, han kastede lovens tunge stentavler på
forehead he threw the law's thick stone tablets on

brudgommens fødder og bandt dem til kirkegulvet.
the groom's feet and bound them to the church floor

"Jeg kan ikke løfte dem igen!" sagde Moses. "Du har
I can not lift them again said Moses You have

slået armene af mig! stå som du står!"
struck the arms off me stand as you stand

Nu kom Adam og Eva, de Vise fra Østerland og
Now came Adam and Eve the Wise (men) from East-land and
(the East)

de fire årstider, hver sagde ham ubehagelige
the four year's times each said him unpleasant
(seasons)

sandheder, "skam dig!"
truths shame yourself

Men han skammede sig ikke.
But he shamed himself not

27

Alle de skikkelser, hvert klokkeslæt havde at fremvise,
All the figures each clock strike had to forth show

trådte ud af uret, og alle voksede de i forfærdelig
stepped out of the hour and all grew they in dangerous
(the clock)

størrelse, det var som om der ikke blev plads for
size it was as if there not remained place for

de virkelige mennesker. Og da ved tolvte slag
the real people And when with (the) twelfth strike

vægteren trådte ud med kabuds og morgenstjerne
the guard stepped out with fur hat and the morning star

blev der et underligt røre; vægteren gik lige ind
became there a strange unrest the guard went straight into
(was)

på brudgommen og slog ham for panden med
on the groom and struck him for the forehead with

morgenstjernen.
the morning star

"Lig der!" sagde han, "Lige for lige! Vi er hævnet
Lie there said he Even for even We are avenged

og mester med! vi forsvinder!"
and master along we disappear

Og så forsvandt hele kunstværket; men lysene rundt
And so disappeared whole the work of art but the candles round

om i kirken blev til store lysblomster, og de
around in the church became to large light flowers and the

28

forgyldte stjerner under loftet sendte lange, klare
gilded stars under the ceiling sent long clear

stråler, orglet klang af sig selv. Alle mennesker
rays the organ sounded by itself ~~self~~ All people

sagde at det var det utroligste, de havde
said that it was the most unbelievable they had

oplevet.
experienced

"Vil De så tilsige den rigtige!" sagde prinsessen. "Han,
Will You so warrant the right (thing) said the princess He

som gjorde kunstværket, han skal være min ægtemand
who made the work of art he shall be my husband

og herre!"
and lord

Og han stod i kirken, det hele folk var hans
And he stood in the church the whole people were his
                                  all the people

følgeskab, alle glædede sig, alle velsignede ham;
fellowship all rejoiced themselves all blessed him

der var ikke én, der var misundelig, – ja det var
that one was not one who was envious yes that was

det utroligste!
the most unbelievable

Keyserens nye klæder

Keyserens nye klæder
The emperor's new clothes

For mange år siden levede en kejser, som holdt
For many years since lived an emperor who held
Many years ago {holdt of; love}

så uhyre meget af smukke nye klæder, at han
so immensely much of beautiful new clothes that he

gav alle sine penge ud for ret at blive
gave all his money out for (the) sake to become
{gav ud; spent}

pyntet. Han brød sig ikke om sine soldater, brød
decorated He cared himself not for his soldiers cared
(fancy)

sig ej om komedie eller om at køre i skoven,
himself not for comedy or for to ride in the forest

uden alene for at vise sine nye klæder. Han havde
outside only for to show his new clothes He had

en kjole for hver time på dagen, og ligesom man
a dress for each hour on the day and like one

siger om en konge, han er i rådet, så sagde man
says about a king he is in the council so said one

altid her: "Kejseren er i garderoben!"
always here The emperor is in the dressing room

30

I (In) den (the) store (big) stad, (city) hvor (where) han (he) boede, (lived) gik (went) {went til; carried on} det (it)

meget (quite) fornøjeligt (pleasent) til, (to) hver (each) dag (day) kom (came) der (there) mange (many)

fremmede, (strangers) en (one) dag (day) kom (came) der (there) to (two) bedragere; (conmen) de (they) gav (gave)

sig (themselves) ud (out) for (for) at (to) være (be) vævere (weavers) og (and) sagde, (said) at (that) de (they)

forstod (understood (mastered)) at (to) væve (weave) det (the) dejligste (most lovely) tøj, (clothing) man (one) kunne (could) tænke (think)

sig. (oneself) Ikke (Not) alene (only) farverne (the colors) og (and) mønstret (the pattern) var (were) noget (something)

usædvanligt (extraordinary) smukt, (beautiful) men (but) de (the) klæder, (clothes) som (which) blev (became) syet (sewn) af (of)

tøjet, (the clothing) havde (had) den (the) forunderlige (wondrous) egenskab (property) at (that) de (they)

blev (remained) usynlige (invisible) for (for) ethvert (any) menneske, (person) som (who) ikke (not) duede (was good)

i (in) sit (his/her) embede, (office) eller (or) også (also) var (was) utilladelig (intolerably) dum. (dumb)

"Det (That) var (were) jo (well) nogle (some) dejlige (lovely) klæder," (clothes) tænkte (thought) kejseren; (the emperor)

"ved (with) at (to) have (have) dem (them) på, (on) kunne (could) jeg (I) komme (come) efter, (after) hvilke (which)

mænd (men) i (in) mit (my) rige (kingdom) der (there) ikke (not) dur (suit) til (to) det (the) embede (office) de (they)

31

har,	jeg	kan	kende	de	kloge	fra	de	dumme!	ja	det
have	I	can	recognize	the	smart	from	the	dumb	yes	that

tøj	må	straks	væves	til	mig!"	og	han	gav	de
clohting	may	immediately	be woven	for	me	and	he	gave	the

to	bedragere	mange	penge	på	hånden,	for	at	de
two	conmen	much	money	on	the hand	for	that	they
					in the hands			

skulle	begynde	på	deres	arbejde.
should	begin	on	their	work
		(with)		

De	satte	også	to	vævestole	op,	lod	som	om	de
They	set	also	two	weave-chairs	up	let	as	if	they
				(looms)					

arbejdede,	men	de	havde	ikke	det	mindste	på	væven.
worked	but	they	had	not	the	least	on	the loom

Rask	væk	forlangte	de	den	fineste	silke,	og	det
Fast	away	desired	they	the	finest	silk	and	the

prægtigste	guld;	det	puttede	de	i	deres	egen	pose
most wonderful	gold	that	put	they	in	their	own	bags

og	arbejdede	med	de	tomme	væve,	og	det	til	langt
and	worked	with	the	empty	loom	and	that	until	far

ud	på	natten.
out	on	the night

"Nu	gad	jeg	dog	nok	vide,	hvor	vidt	de	er
Now	would like	I	however	well	know	how	far	they	are

med	tøjet!"	tænkte	kejseren,	men	han	var	ordentligt
with	the clothing	thought	the emperor	but	he	was	quite

lidt underlig om hjertet ved at tænke på, at
(a) bit weird around the heart with to think ~~on~~ that

den, som var dum, eller slet passede til sit embede,
the one who was dumb or bad suited to his office

ikke kunne se det, nu troede han nok, at han ikke
not could see it now believed he well that he not

behøvede at være bange for sig selv, men han
needed to be afraid for himself ~~self~~ but he

ville dog sende nogen først for at se, hvorledes
wanted however send someone first for to see how

det stod sig. Alle mennesker i hele byen vidste,
it stood itself All men in whole the city knew

hvilken forunderlig kraft tøjet havde, og alle var
which wondrous power the clothing had and all were

begærlige efter at se, hvor dårlig eller dum hans
eager after to see how bad or dumb his
(for)

nabo var.
neighbor was

"Jeg vil sende min gamle ærlige minister hen til
I want to send my old honest minister away to

væverne!" tænkte kejseren, "han kan bedst se,
the weavers thought the emperor he can best see

hvorledes tøjet tager sig ud, for han har forstand,
how the clothing takes itself out for he has sense

og ingen passer sit embede bedre end han!"
and none suits his office better than him

Nu gik den gamle skikkelige minister ind i salen,
Now went the old respectable minister inside in the hall

hvor de to bedragere sad og arbejdede med de
where the two conmen sat and worked with the

tomme væve. "Gudbevares!" tænkte den gamle minister
empty loom God-protect (me) thought the old minister

og spilede øjnene op! "jeg kan jo ikke se
and dilated the eyes up I can well not see
{spilede; opened wide}

noget!" Men det sagde han ikke.
anything But that said he not

Begge bedragerne bad ham være så god at træde
Both the conmen bade him be so good to step

nærmere og spurgte, om det ikke var et smukt
closer and asked if it not was a beautiful

mønster og dejlige farver. Så pegede de på den
pattern or lovely colors So pointed they at the

tomme væv, og den stakkels gamle minister blev ved
empty loom and the poor old minister became with

at spile øjnene op, men han kunne ikke se noget,
to dilate the eyes up but he could not see anything
open his eyes wide

for der var ingen ting. "Herregud!" tænkte han, "skulle
for there was no thing Lord-god thought he should

jeg være dum! Det har jeg aldrig troet, og det må
I be dumb That have I never believed and it may

ingen mennesker vide! skulle jeg ikke du til mit
no person know should I not suit to my

34

embede? Nej det går ikke an, at jeg fortæller, jeg
office No that goes not ~~on~~ that I tell I
that is not proper

ikke kan se tøjet!"
not can see the clothing

"Nå, De siger ikke noget om det!" sagde den ene,
Now You say not anything about it said the one

som vævede!
who weaved

"Oh det er nydeligt! ganske allerkæreste!" sagde den
Oh it is fine totally all-dearest said the

gamle minister og så igennem sine briller, "dette
old minister and looked through his glasses this

mønster og disse farver! ja, jeg skal sige kejseren,
pattern and these colors yes I shall tell the emperor

at det behager mig særdeles!"
that it pleases me quite a lot

"Nå det fornøjer os!" sagde begge væverne, og nu
Now that pleases us said both the weavers and now

nævnede de farverne ved navn og det sælsomme
named they the colors with name and the rare
(by)

mønster. Den gamle minister hørte godt efter, for at
pattern The old minister heard well after for that

35

han	kunne	sige	det	samme,	når	han	kom	hjem	til
he	could	say	the	same	when	he	came	home	to

kejseren,	og	det	gjorde	han.
the emperor	and	that	did	he

Nu	forlangte	bedragerne	flere	penge,	mere	silke	og
Now	desired	the conmen	more	money	more	silk	and

guld,	det	skulle	de	bruge	til	vævning.	De	stak
gold,	that	should	they	use	for	(the) weaved cloth	They	stuck

alt	i	deres	egne	lommer,	på	væven	kom	ikke	en
all	in	their	own	pockets	on	the loom	came	not	a

trævl,	men	de	blev	ved,	som	før,	at	væve	på
stitch	but	they	remained	with	as	before	to	weave	on

den	tomme	væv.
the	empty	loom

Kejseren	sendte	snart	igen	en	anden	skikkelig
The emperor	sent	soon	again	an	other	respectable

embedsmand	hen	for	at	se,	hvorledes	det	gik	med
office man (functionary)	away	for	to	see	how	it	went	with

vævningen,	og	om	tøjet	snart	var	færdigt.	Det
the weaving	and	if	the clothing	soon	were	ready	That

gik	ham	ligesom	den	anden,	han	så	og	så,	men
went	him	just like	the	other	he	looked	and	looked	but

da | der | ikke | var | noget | uden | de | tomme | væve,
since | there | not | was | something | apart from | the | empty | loom

kunne | han | ingen | ting | se.
could | he | not | (a) thing | see

"Ja, | er | det | ikke | et | smukt | stykke | tøj!" | sagde
Yes | is | that | not | a | beautiful | piece | (of) clothing | said

begge | bedragerne | og | viste | og | forklarede | det | dejlige
both | the conmen | and | pointed | and | explained | the | lovely

mønster, | som | der | slet | ikke | var.
pattern | which | there | at all | not | was

"Dum | er | jeg | ikke!" | tænkte | manden, | "det | er | altså | mit
Dumb | am | I | not | thought | the man | it | is | also | my

gode | embede, | jeg | ikke | dur | til? | Det | var | løjerligt | nok!
good | office | I | not | suit | for | That | was | ludicrous | enough

men | det | må | man | ikke | lade | sig | mærke | med!" | og
but | that | may | one | not | let | oneself | notice | with | and

så | roste | han | tøjet, | han | ikke | så, | og
so | commended | he | the clothing | (that) he | not | saw | and

forsikrede | dem | sin | glæde | over | de | skønne | kulører | og
assured | them | his | gladness | over | the | beautiful | colors | and

det | dejlige | mønster. | "Ja | det | er | ganske | allerkæreste!"
the | lovely | pattern | Yes | that | is | quite | all-dearest

sagde | han | til | kejseren.
said | he | to | the emperor

Alle mennesker i byen talte om det prægtige tøj.
All men in the city talked about the wonderful clothing

Nu ville da kejseren selv se det, medens det
Now wanted then the emperor himself see it while it

endnu var på væven. Med en hel skare af udsøgte
still was on the loom With a whole throng of out-searched
(exquisite)

mænd, mellem hvilke de to gamle skikkelige
men between which the two old respectable

embedsmænd var, som før havde været der, gik han
office-men were who before had been there went he
(functionaries)

hen til begge de listige bedragere, der nu vævede af
away to both the sly conmen who now weaved of

alle kræfter, men uden trævl eller tråd.
all strengths but without stitch or thread

"Ja er det ikke magnifik!" sagde begge de skikkelige
Yes is that not magnificent said both the respectable

embedsmænd. "Vil Deres Majestæt se, hvilket mønster,
office men Wants Your Majesty see which pattern

hvilke farver!" og så pegede de på den tomme væv,
which colors and so pointed they at the empty loom

thi de troede, de andre vistnok kunne se
since they believed the other surely enough could see

tøjet.
the clothing

"Hvad for noget!" tænkte kejseren, "jeg ser ingen
What for something thought the emperor I see no

ting! det er jo forfærdeligt! er jeg dum? dur jeg
thing that is well horrible am I dumb suit I

ikke til at være kejser? det var det skrækkeligste,
not for to be emperor that was the most terrible

som kunne arrivere mig!" - "Oh det er meget smukt!"
that could arrive to me Oh that is very beautiful
(happen)

sagde kejseren, "det har mit allerhøjeste bifald!" og
said the emperor that has my aller-highest by-fall and
(approval)

han nikkede tilfreds og betragtede den tomme væv;
he nodded satisfied and considered the empty loom

han ville ikke sige, at han ingen ting kunne se.
he wanted not to say that he no thing could see

Hele følget, han havde med sig, så og så,
Whole the following he had with himself looked and looked
(his escort)

men fik ikke mere ud af det, end alle de andre, men
but got not more out of it than all the others but

de sagde ligesom kejseren, "oh det er meget smukt!"
they said just like the emperor oh that is very beautiful

og de rådede ham at tage disse nye, prægtige
and they advised him to take these new wonderful

klæder på første gang, ved den store procession, som
clothes on first time with the great procession that

forestod. "Det er magnifik! nydelig, excellent!" gik det
before stood That is magnifique lovely excellent went it
(was to happen)

fra mund til mund, og man var alle sammen så
from mouth to mouth and one were all together so
(people)

39

inderligt   fornøjede   dermed.   Kejseren   gav   hver   af
heartfelt   pleased   there-with   The emperor   gave   each   of

bedragerne   et   ridderkors   til   at   hænge   i   knaphullet   og
the conmen   a   knight's cross   for   to   hang   in   the buttonhole   and

titel   af   vævejunkere.
title   of   weaver-Junkers

Hele   natten   før   den   formiddag   processionen   skulle
Whole   the night   before   the   afternoon's   the procession   should

være,   sad   bedragerne   oppe   og   havde   over   seksten
be   sat   the conmen   up   and   had   over   sixteen

lys   tændt.   Folk   kunne   se,   de   havde   travlt   med   at
candles   lit   People   could   see   they   had   busy   with   to
        (were)

få   kejserens   nye   klæder   færdige.   De   lod,   som   de
make   the emperor's   new   clothes   ready   The   let   as if   they
        (acted)

tog   tøjet   af   væven,   de   klippede   i   luften   med
took   the clothing   off   the loom   they   cut   in   the air   with

store   sakse,   de   syede   med   synål   uden   tråd   og
large   scissors   they   sewed   with   sewing needle   without   thread   and

sagde   til   sidst: "Se   nu   er   klæderne   færdige!"
said   at   last   See   now   are   the clothes   ready

Kejseren,   med   sine   fornemste   kavalerer,   kom   selv
The emperor   with   his   distinguished   cavaliers   came   (him)self

derhen   og   begge   bedragerne   løftede   den   ene   arm   i
there-to   and   both   the conmen   lifted   the   one   arm   in

40

vejret	ligesom	om	de	holdt	noget	og	sagde:	"Se
the air	just like	if	they	held	something	and	said	See

her	er	benklæderne!	her	er	kjolen!	her	kappen!"	og
here	are	the leg clothes	here	is	the dress	here	the cap	and

således	videre	fort.	"Det	er	så	let,	som	spindelvæv!
such	farther	forth	That	is	so	light	as	(a) spiderweb

man	skulle	tro	man	havde	ingen	ting	på	kroppen,
one	should	believe	one	had	no	thing	on	the body

men	det	er	just	dyden	ved	det!"
but	that	is	exactly	the virtue	with (of)	it

"Ja!"	sagde	alle	kavalererne,	men	de	kunne	ingen	ting
Yes	said	all	the cavaliers	but	they	could	no	thing

se,	for	der	var	ikke	noget.
see	for	there	was	not	something

"Vil	nu	Deres	Kejserlige	Majestæt	allernådigst	behage
Will	now	Your	Imperial	Majesty	all-mercifullest	please

at	tage	deres	klæder	af!"	sagde	bedragerne,	"så	skal
to	take	their	clothes	off	said	the conmen	then	shall

vi	give	Dem	de	nye	på,	herhenne	foran	det	store
we	give	You	the	new	on	here-to	before	the	large

spejl!"
mirror

Kejseren lagde alle sine klæder, og bedragerne bar
The emperor laid all his clothes and the conmen bare
(worked)

sig ad, ligesom om de gav ham hvert stykke af
themselves at just like if they gave him each piece of

de nye, der skulle være syet, og kejseren
the new that should be sewn and the emperor

vendte og drejede sig for spejlet.
turned (left and right) and turned (around) himself in front of the mirror

"Gud hvor de klæder godt! hvor de sidder dejligt!"
God how they clothe well how they sit lovely

sagde de alle sammen. "Hvilket mønster! hvilke farver!
said they all together Which pattern which colors

det er en kostbar dragt!"
that is a valuable wear

"Udenfor står de med tronhimlen, som skal bæres
Out in front stand they with the throne heaven which shall bear
(the throne cover)

over Deres Majestæt i processionen!" sagde
over Your Majesty in the procession said

overceremonimesteren.
the over ceremony master

"Ja jeg er jo i stand!" sagde kejseren. "Sidder det
Yes I am well in stand said the emperor Sit it
ready

ikke godt?" og så vendte han sig nok engang
not well and so turned he himself still one time

42

for	spejlet!	for	det	skulle	nu	lade	ligesom	om
in front of	the mirror	for	that	should	now	let (seem)	just like	if

han	ret	betragtede	sin	stads.
he	rightly	regarded	his	stuff

Kammerherrerne,	som	skulle	bære	slæbet,	famlede
The chamber gentlemen	who	should	bear	the (dress) train	fumbled

med	hænderne	hen	ad	gulvet,	ligesom	om	de	tog
with	the hands	away	at	the floor	just like	if	they	took

slæbet	op,	de	gik	og	holdt	i	luften,	de	turde	ikke
the train	up	they	went	and	held	in	the air	they	dared	not

lade	sig	mærke	med,	at	de	ingenting	kunne	se.
let	themselves	notice	with	that	they	nothing	could	see

Så	gik	kejseren	i	processionen	under	den	dejlige
So	went	the emperor	in	the procession	under	the	lovely

tronhimmel	og	alle	mennesker	på	gaden	og	i
throne heaven (throne cover)	and	all	people	on	the street	and	in

vinduerne	sagde:	"Gud	hvor	kejserens	nye	klæder	er
the windows	said	God	how	the emperor's	new	clothes	are

mageløse!	hvilket	dejligt	slæb	han	har	på	kjolen!	hvor
matchless	which	lovely	train	has	he	on	the dress	how

den	sidder	velsignet!"	Ingen	ville	lade	sig	mærke
it	sits	blessedly	None	wanted	to let	himself	notice

med,	at	han	intet	så,	for	så	havde	han	jo	ikke
with	that	he	nothing	saw	for	so	had	he	well	not

duet **i** **sit** **embede,** **eller** **været** **meget** **dum.** **Ingen** **af**
suited in his office or was very dumb None of

kejserens **klæder** **havde** **gjort** **sådan** **lykke.**
the emperor's clothes had done such (a) success
(had)

"**Men** **han** **har** **jo** **ikke** **noget** **på,**" **sagde** **et** **lille**
But he has well not anything on said a little

barn. "**Herregud,** **hør** **den** **uskyldiges** **røst,**" **sagde**
child Lord god hear the innocent voice said

faderen; **og** **den** **ene** **hviskede** **til** **den** **anden,** **hvad**
the father and the one whispered to the other what

barnet **sagde.**
the child said

"**Men** **han** **har** **jo** **ikke** **noget** **på,**" **råbte** **til** **sidst**
But he has well not anything on shouted at last

hele **folket.** **Det** **krøb** **i** **kejseren,** **thi** **han** **syntes,**
whole the people It crept in the emperor since he felt
(all) (gnawed) (at)

de **havde** **ret,** **men** **han** **tænkte** **som** **så:** "**Nu** **må** **jeg**
they had right but he thought as thus Now may I
(were)

holde **processionen** **ud.**" **Og** **kammerherrerne** **gik** **og**
hold the procession out And the chamber gentlemen went and

bar **på** **slæbet,** **som** **der** **slet** **ikke** **var.**
carried ~~on~~ the train which there at all not were

44

Den Standhaftige Tinsoldat

Den	Standhaftige	Tinsoldat
The	Steadfast	Tin soldier

Der	var	engang	femogtyve	tinsoldater,	de	var	alle
There	was	one time	twenty five	tin soldiers	they	were	all

brødre,	thi	de	var	født	af	en	gammel	tinske.
brothers	since	they	were	born	of	an	old	tin spoon

Geværet	holdt	de	i	armen	og	ansigtet	satte	de	lige
The gun	held	they	in	the arm	and	the face	set	they	right

ud;	rød	og	blå,	nok	så	dejlig	var	uniformen.	Det
out	red	and	blue	still (also)	so	nice	was	the uniform	The

allerførste,	de	hørte	i	denne	verden,	da	låget	blev
all first	they	heard	in	this	world	when	the lid	became

taget	af	æsken,	hvori	de	lå,	var	det	ord:
taken	off	the box	where in	they	lay	was	the	word

"Tinsoldater!"	Det	råbte	en	lille	dreng	og	klappede	i
Tin soldiers	That	shouted	a	little	boy	and	clapped	in

hænderne;	han	havde	fået	dem,	for	det	var	hans
the hands	he	had	gotten	them	for	it	was	his

fødselsdag,	og	stillede	dem	nu	op	på	bordet.	Den	ene
birthday	and	(he) set	them	now	up	on	the table	The	one

soldat	lignede	livagtig	den	anden,	kun	en	eneste	var
soldier	looked	similar to	the	other	only	one	single	was

lidt	forskellig;	han	havde	ét	ben,	thi	han	var
(a) little	different	he	had	one	leg	since	he	was

blevet	støbt	sidst,	og	så	var	der	ikke	tin	nok;
remained	cast	last	and	so	was	there	not	tin	enough

dog	stod	han	lige	så	fast	på	sit	ene,	som	de
however	stood	he	like	so	steady	on	his	one	as	the

andre	på	deres	to,	og	det	er	just	ham,	som
others	on	their	two (legs)	and	it	is	precisely	him	who

bliver	mærkværdig.
became	remarkable

På	bordet,	hvor	de	blev	stillet	op,	stod	meget	andet
On	the table	where	they	became	set	up	stood	much	other

legetøj;	men	det,	som	faldt	mest	i	øjnene,	var	et
play stuff (toys)	but	that	which	fell	most	in	the eyes	was	a

nydeligt	slot	af	papir.	Gennem	de	små	vinduer	kunne
pretty	castle	of	paper	Through	the	small	windows	could

man	se	lige	ind	i	salene.	Udenfor	stod	små	træer,
one	see	right	inside	in	the halls	Out before	stood	small	trees

rundt	om	et	lille	spejl,	der	skulle	se	ud	som	en
round	around	a	little	mirror	which	should	look	~~out~~	like	a

sø;	svaner	af	voks	svømmede	derpå	og	spejlede
lake	swans	of	wax	swam	there-on (on it)	and	mirrored

sig.	Det	var	alt	sammen	nydeligt,	men	det
themselves	It	was	all	together	pretty	but	the

nydeligste	blev	dog	en	lille	jomfru,	som	stod
pretiest	was	however	a	little	young lady	who	stood

midt	i	den	åbne	slotsdør;	hun	var	også	klippet	ud
middle in in the middle of		the	open	castle doors	she	was	also	cut	out

af	papir,	men	hun	havde	et	skørt	på	af	det	klareste
of	paper	but	she	had	a	skirt	on	of	the	clearest

linon	og	et	lille	smalt	blåt	bånd	over	skulderen
linen	and	a	little	small	blue	ribbon	over	the shoulder

ligesom	et	gevandt;	midt	i	det	sad	en	skinnende
like	a	robe	middle	in	it	sat	a	shining
			in the middle of					

paillet,	lige	så	stor	som	hele	hendes	ansigt.	Den	lille
sequin	just	as	big	as	whole	her	face	The	little

jomfru	strakte	begge	sine	arme	ud,	for	hun	var	en
young lady	stretched	both	her	arms	out	for	she	was	a
	(extended)								

danserinde,	og	så	løftede	hun	sit	ene	ben	så	højt	i
dancer girl	and	so	lifted	she	her	one	leg	so	high	in

vejret,	at	tinsoldaten	slet	ikke	kunne	finde	det	og
the air	that	the tin soldier	at all	not	could	find	it	and

troede,	at	hun	kun	havde	ét	ben	ligesom	han.
believed	that	she	only	had	one	leg	like	him

"Det	var	en	kone	for	mig!"	tænkte	han;	"men	hun
That	would be	a	woman	for	me	thought	he	but	she

er	noget	fornem,	hun	bor	i	et	slot,	jeg	har	kun
is	quite	distinguished	she	lives	in	a	castle	I	have	only

en	æske,	og	den	er	vi	femogtyve	om,	det	er	ikke
a	box	and	that	are	we	twenty five	in	that	is	not

et	sted	for	hende!	Dog	jeg	må	se	at	gøre
a	place	for	her	However	I	may	see	to	make

bekendtskab!"	Og	så	lagde	han	sig	så	lang	han	var
acquaintance	And	so	lay	he	himself	so	long	he	was

bag en snustobaksdåse, der stod på bordet; der
behind a snuff tobacco can which stood on the table there

kunne han ret se på den lille fine dame, som
could he right see on the little elegant lady who

blev ved at stå på ét ben, uden at komme ud
remained with to stand on one leg without to come out

af balancen.
of balance

Da det blev ud på aftnen, kom alle de andre
When it became out on the evening came all the other

tinsoldater i deres æske og folkene i huset gik til
tin soldiers in their box and the people in the house went to

sengs. Nu begyndte legetøjet at lege, både at komme
bed Now began the toys to play both to come

fremmede, føre krig og holde bal; tinsoldaterne
forth wage war and hold (a) ball the tin soldiers
(have)

raslede i æsken, for de ville være med, men de
rattled in the box for they wanted to be along but they

kunne ikke få låget af. Nøddeknækkeren slog
could not get the lid off The nutcracker struck
(made)

kolbøtter, og griflen gjorde kommaer på tavlen;
summersaults and the slate pencil made comma's on the table
(the slate)

det var et spektakel så kanariefuglen vågnede, og
it was a spectacle so the canary bird woke up and

begyndte at snakke med, og det på vers. De to
started to chat along and that on verse The two

48

eneste,	som	ikke	rørte	sig	af	stedet,	var
only	who	not	moved	themselves	off	place	were

tinsoldaten	og	den	lille	danserinde;	hun	holdt	sig	så
the tin soldier	and	the	little	dancer girl	she	held	herself	so

rank	på	tåspidsen	og	begge	armene	udad;	han	var
elegant	on	the toe tip	and	both	arms	out	he	was

lige	så	standhaftig	på	sit	ene	ben,	hans	øjne	kom
like	so	steadfast	on	his	one	leg	his	eyes	came (moved)

ikke	et	øjeblik	fra	hende.
not	a	moment	from	her

Nu	slog	klokken	tolv,	og	klask,	der	sprang	låget	af
Now	struck	the clock	twelve	and	clang	there	sprang	the lid	off

snustobaksdåsen,	men	der	var	ingen	tobak	i,	nej,	men
the snuff tobacco can	but	there	was	no	tobacco	in	no	but

en	lille	sort	trold,	det	var	sådant	et	kunststykke.
a	little	black	troll	that	was	such	a	art-piece (piece of art)

"Tinsoldat!"	sagde	trolden,	"vil	du	holde	dine	øjne	hos
Tin soldier	said	the troll	want	you	keep	your	eyes	to

dig	selv!"
your	self

Men	tinsoldaten	lod,	som	han	ikke	hørte	det.
But	the tin soldier	let (acted)	as (if)	he	not	heard	it

"Ja bi til i morgen!" sagde trolden.
Yes wait until in the morning said the troll

Da det nu blev morgen, og børnene kom op,
When it now became morning and the children came up

blev tinsoldaten stillet hen i vinduet, og enten det
became the tin soldier set away in the window and whether that
(was)

nu var trolden eller trækvind, lige med ét fløj
now was the troll or pull-wind right with one flew
(a draught) suddenly

vinduet op og soldaten gik ud på hovedet fra
the window open and the soldier went out on the head from
upside down

tredje sal. Det var en skrækkelig fart, han vendte
(the) third floor It was a terrible trip he turned

benet lige i vejret, og blev stående på kasketten,
the leg straight in the air and became standing on the helm

med bajonetten nede imellem brostenene.
with the bayonet down between the bridge-stones
(the cobblestones)

Tjenestepigen og den lille dreng kom straks ned,
The servant girl and the little boy came immediately down

for at søge; men skønt de var færdig ved at træde
for to search but although they were good with to step

på ham, kunne de dog ikke se ham. Havde
on him could the however not see him. Had

tinsoldaten råbt: Her er jeg! så havde de nok
the tin soldier shouted Here am I so had they well

50

fundet	ham,	men	han	fandt	det	ikke	passende	at
found	him	but	he	found	it	not	suitable	to

skrige	højt,	da	han	var	i	uniform.
yell	loud	when	he	was	in	uniform

Nu	begyndte	det	at	regne,	den	ene	dråbe	faldt
Now	began	it	to	rain	the	one	drop	fell

tættere	end	den	anden,	det	blev	en	ordentlig	skylle;
closer	than	the	other	it	became	a	proper	rinse

da	den	var	forbi,	kom	der	to	gadedrenge.
when	it	was	over	came	there	two	street boys

"Se	du!"	sagde	den	ene,	"der	ligger	en	tinsoldat!	Han
See	you	said	the	one	there	lies	a	tin soldier	He

skal	ud	at	sejle!"
shall	(go) out	to	sail

Og	så	gjorde	de	en	båd	af	en	avis,	satte
And	so	made	they	a	boat	from	a	folder	set

tinsoldaten	midt	i	den,	og	nu	sejlede	han	ned	af
the tin soldier	middle	in	(of) it	and	now	sailed	he	down	of

rendestenen;	begge	drengene	løb	ved	siden	og
the gutter	both	the boys	ran	by	the side	and

klappede	i	hænderne.	Bevar	os	vel!	Hvilke	bølger	der
clapped	in	the hands	Keep	us	well	Which (What	waves	there

gik	i	den	rendesten,	og	hvilken	strøm	der	var;	ja
went	in	the	gutter	and	which (what)	current	there	was	yes

51

det havde da også skylregnet. Papirsbåden vippede op
it had then also rinse-rain The paper boat rocked up
(heavy rain)

og ned, og imellem så drejede den så gesvindt, så
and down and in between so turned it so fast so

det dirrede i tinsoldaten; men han blev standhaftig,
it shook in the tin soldier but he remained steadfast

forandrede ikke en mine, så lige ud og holdt
changed not a face looked straight out and held

geværet i armen.
the gun in the arms

Lige med ét drev båden ind under et langt
Right with one floated the boat inside under a long
Suddenly

rendestensbræt; der blev lige så mørkt, som om han
gutter board it became right so dark as if he

var i sin æske.
was in his box

"Hvor mon jeg nu kommer hen," tænkte han, "ja,
Where (I) wonder I now come to thought he yes

ja, det er troldens skyld! Ak sad dog den lille
yes that is the troll's fault Ah sat however the little
(only)

jomfru her i båden, så måtte her gerne være én
young lady here in the boat so must here gladly be one

gang så mørkt endnu!"
time so dark still

52

I det samme kom der en stor vandrotte, som
In that same (moment) came there a large water rat who

boede under rendestensbrættet.
lived under the gutter board

"Har du pas?" spurgte rotten. "Hid med passet!"
Have you (a) pass asked the rat Here with the pass

Men tinsoldaten tav stille og holdt endnu fastere
But the tin soldier kept silent quietly and held even tighter

på geværet. Båden fór af sted og rotten bag efter.
on the gun The boat fared off place and the rat back after
(sailed) nad

Hu! hvor den skar tænder, og råbte til pinde og
Hu how it cut teeth and shouted for sticks and

strå:
straw

"Stop ham! Stop ham! Han har ikke betalt told! Han
Stop him stop him He has not paid toll He

har ikke vist pas!"
has not shown (a) pass

Men strømmen blev stærkere og stærkere!
But the current remained stronger and stronger
(became)

Tinsoldaten kunne allerede øjne den lyse dag foran
The tin soldier could already eye the bright day before
(see)

53

hvor	brættet	slap,	men	han	hørte	også	en	brusende
where	the board	loosened	but	he	heard	also	a	roaring

lyd,	der	nok	kunne	gøre	en	tapper	mand
sound	which	enough (even)	could	give	a	brave	man

forskrækket;	tænk	dog,	rendestenen	styrtede,	hvor
fright	think	however	the gutter	rushed down	where

brættet	endte,	lige	ud	i	en	stor	kanal,	det	ville
the board	ended	right	out	in	a	large	canal	that	would

være	for	ham	lige	så	farligt,	som	for	os	at	sejle
be	for	him	right	as	dangerous	as	for	us	to	sail

ned	af	et	stort	vandfald.
down	from	a	large	waterfall

Nu	var	han	allerede	så	nær	derved,	at	han	ikke
Now	was	he	already	so	close	there-with (of it)	that	he	not

kunne	standse.	Båden	fór	ud,	den	stakkels	tinsoldat
could	stand	The boat	salied	out	the	poor	tin soldier

holdt	sig	så	stiv	han	kunne,	ingen	skulle	sige	ham
held	himself	as	stiff	(as) he	could	none	should	say	him

på,	at	han	blinkede	med	øjnene.	Båden	snurrede	tre
on	that	he	blinked	with	the eyes	The boat	whirred	three

fire	gange	rundt,	og	var	fyldt	med	vand	lige	til
four	times	round	and	was	filled	with	water	right	(up) to

randen,	den	måtte	synke;	tinsoldaten	stod	i	vand
the edge	it	must	sink	the tin soldier	stood	in	(the) water

til	halsen	og	dybere	og	dybere	sank	båden,	mere
(up) to	the throat (the neck)	and	deeper	and	deeper	sank	the boat	more

54

og	mere	løste	papiret	sig	op;	nu	gik	vandet	over
and	more	solved	the paper	itself	up	now	went	the water	over
			dissolved the paper						

soldatens	hoved,	da	tænkte	han	på	den	lille	nydelige
the soldier's	head	then	thought	he	on	the	little	fine
					(of)			

danserinde,	som	han	aldrig	mere	skulle	få	at	se;
dancer girl	who	he	never	(any)more	should	get	to	see

og	det	klang	for	tinsoldatens	øre:
and	it	sounded	before	the tin soldier's	ears
			(in)		

"Fare,   fare,   krigsmand!
Danger   danger   warrior

Døden   skal   du   lide!"
The death   shall   you   suffer

Nu	gik	papiret	itu,	og	tinsoldaten	styrtede	igennem
Now	went	the paper	in pieces	and	the tin soldier	rushed	through

men	blev	i	det	samme	slugt	af	en	stor	fisk.
but	became	in	that	same (moment)	swallowed	off	a	large	fish
						(by)			

Nej,	hvor	det	var	mørkt	derinde!	Der	var	endnu
No	how	it	was	dark	there inside	There	was	even

værre,	end	under	rendestensbrættet,	og	så	var	der	så
worse	than	under	the gutter board	and	so	was	it	so

snævert; men tinsoldaten var standhaftig, og lå så
narrow but the tin soldier was steadfast and lay so

lang han var med geværet i armen.
long he was with the gun in the arm

Fisken fór omkring, den gjorde de allerforfærdeligste
The fish fared around it made the most dangerous
(swam)

bevægelser; endelig blev den ganske stille, der fór
movements finally remained it totally quiet there went

som en lynstråle gennem den. Lyset skinnede
like a lightning beam through it The light shone

ganske klart og én råbte højt: "Tinsoldat!" Fisken var
all clear and one shouted high Tin soldier The fish was
(loud)

blevet fanget, bragt på torvet, solgt og kommet op
become caught brought on the market sold and come up

i køknet, hvor pigen skar den op med en stor
in the kitchen where the girl cut it open with a large

kniv. Hun tog med sine to fingre soldaten midt om
knife She took with her two fingers the soldier middle around

livet og bar ham ind i stuen, hvor de alle
the body and carried him inside in the living room where they all

sammen ville se sådan en mærkværdig mand, der
together wanted to see such a strange man that

havde rejst om i maven på en fisk; men
had travelled around in the stomach on a fish but
(of)

tinsoldaten var slet ikke stolt. De stillede ham op på
the tin soldier was at all not proud They put him up on

56

bordet	og	der	nej,	hvor	det	kan	gå	underligt	til	i
the table	and	there	no	how	it	can	go	wondrous	to	in

verden!	Tinsoldaten	var	i	den	selvsamme	stue,	han
the world	The tin soldier	was	in	the	very same	room	he

havde	været	i	før,	han	så	de	selvsamme	børn	og
had	been	in	before	he	saw	the	very same	children	and

legetøjet	stod	på	bordet;	det	dejlige	slot	med	den
the toys	stood	on	the table	the	lovely	castle	with	the

nydelige	lille	danserinde;	hun	holdt	sig	endnu	på	det
fine	little	dancer girl	she	kept	herself	still	on	the

ene	ben	og	havde	det	andet	højt	i	vejret,	hun	var
one	leg	and	had	the	other	high	in	the air	she	was

også	standhaftig;	det	rørte	tinsoldaten,	han	var	færdig
also	steadfast	it	touched	the tin soldier	he	was	ready

ved	at	græde	tin,	men	det	passede	sig	ikke.	Han
with	to	cry	tin	but	that	suited	itself	not	He

så	på	hende	og	hun	så	på	ham,	men	de	sagde
looked	at	her	and	she	looked	at	him	but	they	said

ikke	noget.
not	anything

I	det	samme	tog	den	ene	af	smådrengene	og
In	that	same (moment)	took	the	one	of	the small children	and

kastede	soldaten	lige	ind	i	kakkelovnen,	og	han	gav
threw	the soldier	right	inside	in	the tiled stove	and	he	gave

slet	ingen	grund	derfor;	det	var	bestemt	trolden	i
at all	no	reason	for it	that	was	decidedly	the troll	in

dåsen,	der	var	skyld	deri.
the can	that	was	guilty	there-in
				(of it)

Tinsoldaten	stod	ganske	belyst	og	følte	en	hede,	der
The tin soldier	stood	all	lit	and	felt	a	heat	that

var	forfærdelig,	men	om	det	var	af	den	virkelige	ild,
was	dangerous	but	if	it	was	from	the	real	fire

eller	af	kærlighed,	det	vidste	han	ikke.	Kulørerne	var
or	from	love	that	knew	he	not	The colors	were

rent	gået	af	ham,	om	det	var	sket	på	rejsen
clean	gone	off	him	if	it	was	happened	on	the journey

eller	det	var	af	sorg,	kunne	ingen	sige.	Han	så
or	it	was	from	worry	could	no one	say	He	looked

på	den	lille	jomfru,	hun	så	på	ham,	og	han	følte
at	the	little	young lady	she	looked	at	him	and	he	felt

han	smeltede,	men	endnu	stod	han	standhaftig	med
he	melted	but	still	stood	he	steadfast	with

geværet	i	armen.	Da	gik	der	en	dør	op,	vinden
the gun	in	the arm	Then	went	there	a	door	open	the wind

tog	i	danserinden	og	hun	fløj	ligesom	en	sylfide	lige
took	in	the dancer girl	and	she	flew	like	a	sylph	right

ind	i	kakkelovnen	til	tinsoldaten,	blussede	op	i	lue
inside	in	the tiled stove	to	the tin soldier	flared	up	in	flame

og	var	borte;	så	smeltede	tinsoldaten	til	en	klat,	og
and	was	gone	then	melted	the tin soldier	to	a	clump	and

da   pigen   dagen   efter   tog   asken   ud,   fandt   hun   ham
when *the girl* *the day* *after* *took* *the ash* *out* *found* *she* *him*

som   et   lille   tinhjerte;   af   danserinden   derimod   var   der
like *a* *little* *tin heart* *from* *the dancer girl* *however* *was* *there*

kun   pailletten,   og   den   var   brændt   kulsort.
only *the sequin*   *and* *that* *was* *burned*   *coal black*

Den grimme ælling

Den	grimme	ælling
The	ugly	duckling

Der	var	så	dejligt	ude	på	landet;	det	var	sommer,
It	was	so	nice	out	on	the land (the countryside)	it	was	summer

kornet	stod	gult,	havren	grøn,	høet	var	rejst	i
the grain	stood	yellow	the oats	green	the hay	was	raised	in

stakke	nede	i	de	grønne	enge,	og	der	gik	storken
stacks	down	in	the	green	meadows	and	there	went	the stork

på	sine	lange,	røde	ben	og	snakkede	ægyptisk,	for
on	his	long	red	lengs	and	spoke	Egyptian	because

det	sprog	havde	han	lært	af	sin	moder.
that	language	had	he	learned	of	his	mother

Rundt	om	ager	og	eng	var	der	store	skove,
Round	around (Around it)	(farm) fields	and	meadows	were	the	large	forests

og	midt	i	skovene	dybe	søer;	jo,	der	var	rigtignok
and	middle in (in the middle of)	in	the forests	deep	lakes	yes	there	was	truly

dejligt	derude	på	landet!	Midt	i	solskinnet	lå
nice	out there	on (in)	the land (the countryside)	Middle In the middle of	in	the sunshine	lay

der	en	gammel	herregård	med	dybe	kanaler
there	an	old	lords manor (castle)	with	deep	moats

rundt	om,	og	fra	muren	og	ned	til	vandet
round	around (around it)	and	from	the walls	and	down	to	the water

voksede	store	skræppeblade,	der	var	så	høje,	at	små
grew	large	burdock leaves	they	were	so	high	that	small

børn	kunne	stå	oprejste	under	de	største;	der	var	
children	could	stand	raised up (straight up)	under	the	largest (ones)	that	was	

lige	så	vildsomt	derinde,	som	i	den	tykkeste	skov,	og
like	so	wild	in there	as	in	the	thickest	forest	and

her	lå	en	and	på	sin	rede;	hun	skulle	ruge	sine	små
here	lay	a	duck	on	his	nest	she	should	hatch	her	little

ællinger	ud,	men	nu	var	hun	næsten	ked	af	det,
ducklings	~~out~~	but	now	was	she	almost	sorry	of	it

fordi	det	varede	så	længe,	og	hun	sjælden	fik	visit;
because	it	took	so	long	and	she	rarely	got	(a) visit (visitors)

de	andre	ænder	holdt	mere	af	at	svømme	om	i
the	other	ducks	held	more	of	to	swim	around	in
			liked more						

kanalerne,	end	at	løbe	op	og	sidde	under	et
the moats	than	to	walk	up	and	sit	under	a

skræppeblad	for	at	snadre	med	hende.
burdock leaf	for	to	quack	with	her

Endelig	knagede	det	ene	æg	efter	det	andet:	"pip!
Finally	cracked	the	one	egg	after	the	other	peep

pip!"	sagde	det,	alle	æggeblommerne	var	blevet
peep	said	it	all	egg-plums (yolks)	were	remained

levende	og	stak	hovedet	ud.
alive	and	stuck	the head	out

"Rap! rap!" sagde hun, og så rappede de sig alt
Quack quack said she and so quacked they themselves all

hvad de kunne, og så til alle sider under de
what they could and so looked at all the sides under the

grønne blade, og moderen lod dem se så meget
green leaves and the mother let them see so much

de ville, for det grønne er godt for øjnene.
(as) they wanted for the green is good for the eyes

"Hvor dog verden er stor!" sagde alle ungerne; thi
How yet the world is big said all the young ones since

de havde nu rigtignok ganske anderledes plads, end
they had now truly totally different place than

da de lå inde i ægget.
when they lay inside in the egg

"Tror I, det er hele verden!" sagde moderen, "den
Believe you that (it) is whole the world said the mother it
the whole world

strækker sig langt på den anden side haven, lige
stretches itself far on the other side the garden right

ind i præstens mark! men der har jeg aldrig
inside in the priests field but there have I never

været! - I er her dog vel alle sammen!" - og
been you are here however fine all together and

så rejste hun sig op, "nej, jeg har ikke alle! det
so rose she herself up no I have not all the

62

største	æg	ligger	der	endnu;	hvor	længe	skal	det
biggest	egg	lies	there	still	how	long	shall	that

vare!	nu	er	jeg	snart	ked	af	det!"	og	så	lagde	hun
be	now	am	I	soon	sorry	of	it	and	so	laid	she

sig	igen.
herself	again

"Nå	hvordan	går	det?"	sagde	en	gammel	and,	som
Now	how	goes	it	said	an	old	duck	who

kom	for	at	gøre	visit.
came	for	to	make	(a) visit

"Det	varer	så	længe	med	det	ene	æg!"	sagde	anden,
It	takes	so	long	with	that	one	egg	said	the duck

som	lå;	"der	vil	ikke	gå	hul	på	det!	men	nu
who	lay	it	wants	not	go (come)	(a) hole	on	it	but	now

skal	du	se	de	andre!	de	er	de	dejligste	ællinger	jeg
shall	you	see	the	others	they	are	the	most lovely	ducklings	I

har	set!	de	ligner	alle	sammen	deres	fader,	det
have	seen	they	look like	all	together	their	father	that

skarn	han	kommer	ikke	og	besøger	mig."
shame	he	comes	not	and	visits	me

"Lad	mig	se	det	æg,	der	ikke	vil	revne!"	sagde
Let	me	see	that	egg	that	not	wants	to break	said

den	gamle.	"Du	kan	tro,	at	det	er	et	kalkunæg!
the	old one	You	can	believe	that	it	is	a	turkey egg

således	er	jeg	også	blevet	narret	engang,	og	jeg
like that	am	I	also	become	fooled	one time	and	I

havde	min	sorg	og	nød	med	de	unger,	for	de	er
had	my	worry	and	distress	with	the	young one	for	they	are

bange	for	vandet,	skal	jeg	sige	dig!	jeg	kunne	ikke
afraid	of	the water	shall	I	say	you	I	could	not

få	dem	ud!	jeg	rappede	og	snappede,	men	det	hjalp
get	them	out	I	quacked	and	snapped	but	it	helped

ikke!	–	Lad	mig	se	ægget!	jo,	det	er	et	kalkunæg!
not		Let	me	see	the egg	yes	that	is	a	turkey egg

lad	du	det	ligge	og	lær	de	andre	børn	at	svømme!"
let	you	it	lie	and	teach	the	other	kids	to	swim

"Jeg	vil	dog	ligge	på	det	lidt	endnu!"	sagde
I	want	however	to lay	on	it	(a) little	still	said

anden;	"har	jeg	nu	ligget	så	længe,	så	kan	jeg	ligge
the duck	have	I	now	lain	so	long	so	can	I	lay

dyrehavstiden	med!"
the animal garden time	along (as well)

"Vær	så	god!"	sagde	den	gamle	and,	og	så	gik	hun.
Be	so	good	said	the	old	duck	and	so	went	she

Endelig	revnede	det	store	æg.	"Pip!	pip!"	sagde
Finally	cracked	the	big	egg	Peep	peep	said

ungen	og	væltede	ud;	han	var	så	stor	og	styg.
the young one	and	tumbled	out	he	was	so	big	and	ugly

64

Anden så på ham: "Det er da en forfærdelig stor
The duck looked at him That is there a awfully big

ælling den!" sagde hun; "ingen af de andre
duckling that said she None of the others

ser sådan ud! det skulle dog vel aldrig være en
look so out it shall however well never be a
look like that

kalkunkylling! nå, det skal vi snart komme efter! i
turkey chicklet well that shall we soon come after in
find out

vandet skal han, om jeg så selv må sparke ham
the water shall he if I so myself must kick him

ud!"
out

Næste dag var det et velsignet, dejligt vejr; solen
(The) next day was it a blessed lovely weather the sun

skinnede på alle de grønne skræpper. Ællingemoderen
shone at all the green burdocks The ducklings-mother

med hele sin familie kom frem nede ved kanalen:
with whole her family came forth down by the canal

plask! sprang hun i vandet: "rap! rap!" sagde hun og
splash jumped she in the water quack quack said she and

den ene ælling plumpede ud efter den anden; vandet
the one duckling plopped out after the other the water

slog dem over hovedet, men de kom straks op
struck them over the head but they came immediately up

igen og flød så dejligt; benene gik af sig selv, og
again and floated so lovely the legs went by them selves and

65

alle	var	de	ude,	selv	den	stygge,	grå	unge
all	were	they	out	even	the	ugly	gray	young one

svømmede	med.
swam	along

"Nej,	det	er	ingen	kalkun!"	sagde	hun;	"se	hvor	dejligt
No	that	is	no	turkey	said	she	see	how	lovely

den	bruger	benene,	hvor	rank	den	holder	sig!	det	er
it	uses	the legs	how	straight	it	holds	itself	that	is

min	egen	unge!	i	grunden	er	den	dog	ganske
my	own	young	in	the ground	is	it	however	totally
				basically			(even)	

køn,	når	man	rigtig	ser	på	den!	rap!	rap!	-	kom
beautiful	when	one	truly	looks	at	it	quack	quack		come

nu	med	mig,	så	skal	jeg	føre	jer	ind	i	verden,	og
now	with	me	so	shall	I	lead	you	inside	in	the world	and

præsentere	jer	i	andegården,	men	hold	jer	altid
present	you	in	the duck yard	but	keep	yourself	always

nær	ved	mig,	at	ingen	træder	på	jer,	og	tag
close	to	me	(so) that	none	steps	on	you	and	take

jer	i	agt	for	kattene!"
yourself	in	guard	for	the cats

Og	så	kom	de	ind	i	andegården.	Der	var	en
And	so	come	they	inside	in	the duck yard	It	was	a

skrækkelig	støj	derinde,	thi	der	var	to	familier,
terrible	noise	there inside	since	there	were	two	families

66

som	sloges	om	et	ålehoved,	og	så	fik	dog	katten
who	fought	for	an	eel head	and	so	got	however	the cat

det.
it

"Se,	således	går	det	til	i	verden!"	sagde
See	like that	goes	it	~~to~~	in	the world	said

ællingemoderen,	og	slikkede	sig	om	snablen,	for
the ducklings mother	and	licked	herself	around	the beak	because

hun	ville	også	have	ålehovedet.	"Brug	nu	benene!"
she	wanted	also	to have	the eel head	Use	now	the legs

sagde	hun,	"se,	at	I	kan	rappe	jer,	og	nej	med
said	she	see	that	you	can	quack	yourself	and	down	with

halsen	for	den	gamle	and	derhenne!	hun	er	den
the neck	for	the	old	duck	over there	she	is	the

fornemste	af	dem	alle	her!	hun	er	af	spansk	blod,
noblest	of	them	all	here	she	is	of	Spanish	blood

derfor	er	hun	svær,	og	ser	I,	hun	har	en	rød	klud
therefore	is	she	heavy	and	see	you	she	has	a	red	cloth

om	benet!	det	er	noget	overordentligt	dejligt,	og
around	the leg	that	is	something	extremely	nice	and

den	største	udmærkelse	nogen	and	kan	få,	det	betyder
the	largest	distinction	any	duck	can	get	it	means

så	meget,	at	man	ikke	vil	af	med	hende,	og	at
so	much	that	one	not	wants	off	with	her	and	that
						wants to get rid of				

hun	skal	kendes	af	dyr	og	af	mennesker!	–	Rap
she	shall	be known	by	animals	and	by	people		Quack

jer! - ikke ind til bens! en velopdragen ælling
yourself not inside to legs a well-educated duckling

sætter benene vidt fra hinanden, ligesom fader og
sets the legs wide from each other like father and

moder! se så! nej nu med halsen og sig: rap!"
mother see so no now with the neck and say quack

Og det gjorde de; men de andre ænder rundt om
And that did they but the other ducks round around
around them

så på dem og sagde ganske højt: "Se så! nu skal
looked at them and said all high See then now shall
very loud

vi have det slæng til! ligesom vi ikke var nok
we have that gang too As if we not were enough

alligevel! og fy, hvor den ene ælling ser ud! ham
anyway and pfew how that one duckling sees out him
looks

vil vi ikke tåle!" - og straks fløj der en and
want we not suffer and immediately flew there a duck

hen og bed den i nakken.
to and bit it in the neck

"Lad ham være!" sagde moderen, "han gør jo ingen
Let him be said the mother he does well not

noget!"
anything

68

"Ja, men han er for stor og for aparte!" sagde
Yes but he is too big and too different said

anden, som bed, "og så skal han nøfles!"
the duck who bit and thus shall he

"Det er kønne børn, moder har!" sagde den gamle
That are beautiful children mother has said the old (one)

and med kluden om benet, "Alle sammen kønne,
duck with the cloth around the leg All together beautiful

på den ene nær, den er ikke lykkedes! jeg
(except) for that one near that (one) is not succeeded I
did not come out well

ville ønske, hun kunne gøre den om igen!"
would wish she could do it around again
remake

"Det går ikke, Deres nåde!" sagde ællingemoderen, "han
That goes not Your mercy said the duckling mother he
That is not possible

er ikke køn, men han er et inderligt godt gemyt,
is not beautiful but he is a wondrous good humor

og svømmer så dejligt, som nogen af de andre, ja,
and swims so lovely as anyone of the others yes
(just as)

jeg tør sige lidt til! jeg tænker han vokser sig
I dare say (a) little more I think he grows himself
(better)

køn, eller han med tiden bliver noget mindre!
beautiful or he with the time becomes somewhat smaller

han har ligget for længe i ægget, og derfor har
he has lain too long in the egg and therefore has

69

han ikke fået den rette skikkelse!" og så pillede hun
he not gotten the right figure and so pecked she

ham i nakken og glattede på personen. "Han er
him in the neck and smoothed at the person He is

desuden en andrik," sagde hun, "og så gør det ikke
moreover a drake said she and so does it not
{male duck} (matters)

så meget! jeg tror han får gode kræfter, han slår
so much I believe he gets good strengths he hits

sig nok igennem!"
himself enough through

"De andre ællinger er nydelige!" sagde den gamle,
The other ducklings are fine said the old (one)

"lad nu, som I var hjemme, og finder I et
let (be) now as you were at home and find you an

ålehoved, så kan I bringe mig det!" –
eelhead so can you bring me it

Og så var de, som hjemme.
And so were they as (if) at home

Men den stakkels ælling, som sidst var kommet ud af
But the poor duckling who last was come out of
(had)

ægget, og så så fæl ud, blev bidt, puffet og
the egg and looked so ugly ~~out~~ remained bit hissed and
(kept being)

gjort nar af, og det både af ænderne og hønsene.
made fool of and that both of the ducks and the chickens

"Han er for stor!" sagde de alle sammen, og den
He is too big said they all together and the

kalkunske hane, der var født med sporer og troede
turkey rooster who was born with spurs and believed
male turkey

derfor, at han var en kejser, pustede sig op som
therefore that he was an emperor puffed herself up like

et fartøj for fulde sejl, gik lige ind på ham og så
a vessel for full sail went lay in on him and thus
for (at)

pludrede den og blev ganske rød i hovedet. Den
gobbled it and remained all red in the head The

stakkels ælling vidste hverken, hvor den turde stå
poor duckling knew neither where it dared stand

eller gå, den var så bedrøvet, fordi den så så
or go it was so sad for that it looked so

styg ud og var til spot for hele andegården.
ugly ~~out~~ and was to mockery for whole the duck yard
the whole duck yard

Således gik det den første dag, og siden blev det
Like that went it the first day and after remained it
(became)

værre og værre. Den stakkels ælling blev jaget af
worse and worse The poor duckling remained hunted by
(became)

dem alle sammen, selv hans søskende var så onde
them all together even his siblings were so mean

imod ham, og de sagde altid: "Bare katten ville
towards him and they said always Only the cat wants

tage dig, dit fæle spektakel!" og moderen sagde:
to take you you ugly spectacle and the mother said

"Gid du bare var langt borte!" og ænderne bed
How I wish you only were far away and the ducks bit

ham, og hønsene huggede ham, og pigen, som skulle
him and the hens cut him and the girl who should

give dyrene æde, sparkede til ham med foden.
give the animals foot kicked to him with the foot

Da løb og fløj han hen over hegnet; de små fugle
There ran and flew he away over the fence the small birds

i buskene fór forskrækket i vejret; "det er fordi
in the bushes went scared into the air that is because

jeg er så styg," tænkte ællingen og lukkede øjnene,
I am so ugly thought the duckling and closed the eyes

men løb alligevel af sted; så kom den ud i den
but ran nevertheless off place so came it out in the

store mose, hvor vildænderne boede. Her lå den hele
large bog where wild ducks lived Here lay it whole

natten, den var så træt og sorrigfuld.
the night it was so tired and sorrowful

Om morgnen fløj vildænderne op, og de så på
About the morning flew the wild ducks up and they looked at
(In)

den nye kammerat; "hvad er du for en?" spurgte de,
the new comrade what are you for one asked they

72

og ællingen drejede sig til alle sider, og hilste så
and the duckling turned himself to all sides and greeted so

godt den kunne.
good (as) it could

"Du er inderlig styg!" sagde vildænderne, "men
You are very ugly said the wild ducks but
{innerly, deeply felt}

det kan da være os det samme, når du ikke gifter
that can then be us the same when you not marry

dig ind i vor familie!" – Den stakkel! han tænkte
yourself inside in our family! The poor guy he thought

rigtignok ikke på at gifte sig, turde han bare have
truly not on at marry himself dared he just have

lov at ligge i sivene og drikke lidt
permission to lay in between the rushes and drink a little

mosevand.
swamp water

Der lå han i hele to dage, så kom der to
There lay he in whole two days so came there two

vildgæs eller rettere vildgasser, for de var to
wild geese or more correct wild ganders for they were two

hanner; det var ikke mange tider siden de var
males that was not many times since they were
(had)

73

kommet ud af ægget, og derfor var de så raske på
come out of the egg and therefore were they so direct on

det.
it

"Hør kammerat!" sagde de, "Du er så styg at jeg
Hear comrade said they You are so ugly that I
(friend)

kan godt lide dig! vil du drive med og være
can good suffer you will you go with and be

trækfugl! tæt herved i en anden mose er der
migratory bird close hereby in an other swamp are there

nogle søde velsignede vildgæs, alle sammen frøkner, der
some sweet blessed wild geese all together females that

kan sige: rap! du er i stand til at gøre din lykke,
can say quack you are in state for to make your luck
(try)

så styg er du!" – –
so ugly are you

"Pif! paf!" lød i det samme ovenover, og begge
Bam bam sounded in that same (time) above and both

vildgasserne faldt døde ned i sivene, og vandet
the wild ganders fell dead down in the rushes and the water

blev blodrødt; pif! paf! lød det igen, og hele
became blood-red bam bam sounded it again and whole

skarer af vildgæs fløj op af sivene, og så knaldede
flocks of wild geese flew up from the rushes and so exploded

74

det igen. Der var stor jagt, jægerne lå rundt om
it *again* *It* *was* *great* *hunt* *the hunters* *lay* *round* *around*

mosen, ja nogle sad oppe i trægrenene, der
the swamp *yes* *some* *sat* *up* *in* *the tree branches* *which*

strakte sig langt ud over sivene; den blå røg
stretched *themselves* *long* *out* *over* *the rushes* *the* *blue* *smoke*
(reached)

gik ligesom skyer ind imellem de mørke træer og
went *just-as* *clouds* *inside* *between* *the* *dark* *trees* *and*
(like)

hang langt hen over vandet; i mudderet kom
hung *long* *away* *over* *the water* *and* *the mud* *came*

jagthundene, klask klask; siv og rør svajede til alle
the hunting dogs *splash* *splash* *rush* *and* *reed* *waved* *to* *all*
(swayed)

sider; det var en forskrækkelse for den stakkels ælling,
sides *it* *was* *a* *(great) fright* *for* *the* *poor* *duckling*

den drejede hovedet om for at få det under vingen,
it *turn* *the head* *around* *for* *to* *get* *it* *under* *the wing*

og lige i det samme stod tæt ved den en
and *just* *in* *that* *same (moment)* *stood* *close* *to* *it* *a*

frygtelig stor hund, tungen hang ham langt ud af
terribly *big* *dog* *the tongue* *hung* *him* *long* *out* *of*

halsen, og øjnene skinnede grueligt fælt; han satte sit
the neck *and* *the eyes* *shone* *horribly* *hideous* *he* *set* *his*

gab lige ned imod ællingen, viste de skarpe tænder
jaws *right* *down* *towards* *the duckling* *showed* *the* *sharp* *teeth*

- - og plask! plask! gik han igen uden at tage
and *splash* *splash* *went* *he* *again* *without* *to* *take*

den.
it

"Oh Gud ske lov!" sukkede ællingen, "jeg er så styg,
Oh God be praised sighed the duckling I am so ugly

at selv hunden ikke gider bide mig!"
that even the dog not suffers to bite me

Og så lå den ganske stille, mens haglene susede i
And so lay it totally quiet while the hail swooshed into
(the pellets)

sivene, og det knaldede skud på skud.
the rushes and it exploded shot by shot

Først langt ud på dagen blev der stille, men den
First far out on the day became it quiet but the
(in)

stakkels unge turde endnu ikke rejse sig, den
poor young one dared still not rise himself it

ventede flere timer endnu, før den så sig om,
waited multiple hours still before it saw itself around

og så skyndte den sig af sted fra mosen, alt hvad
and so hasted it itself off place from the swamp all what

den kunne; den løb over mark og over eng, det
he could it ran over ground and over meadow it

var en blæst, så at den havde hårdt ved at komme
was a wind so that it had difficulty with to come

af sted.
off place
forward

76

Mod aften nåede den et fattigt lille bondehus;
Towards the evening approached it a poor little farmhouse

det var så elendigt, at det ikke selv vidste til hvad
it was so miserable that it not even knew to what

side det ville falde, og så blev det stående.
side it wanted fall and so remained it standing

Blæsten susede således om ællingen, at han måtte
The wind blew so around the duckling that he must

sætte sig på halen for at holde imod; og det
set himself on the heel(s) for to keep (up) against (it) and it

blev værre og værre; da mærkede han, at døren
became worse and worse; then noticed he that the door

var gået af det ene hængsel, og hang så skævt, at
was gone off the one hinge and hung so crooked that

han igennem sprækken kunne smutte ind i
he through the slot could slip inside in

stuen, og det gjorde han.
the living room and that did he

Her boede en gammel kone med sin kat og sin
Here lived an old woman with her cat and her

høne, og katten, som hun kaldte Sønnike, kunne skyde
chicken and the cat who she called Sonny could shoot

ryg og spinde, han gnistrede sågar, men så måtte
(the) back and purr he sparkled even but then must

man stryge ham mod hårene; hønen havde ganske
one stroke him against the hairs the chicken had very

77

små lave ben, og derfor kaldtes den "Kykkelilavben;"
small low legs and therefore called it Chicky-short-legs

den lagde godt æg, og konen holdt af den, som
it laid good eggs and the old woman held of it as
                                    loved

af sit eget barn.
of her own child

Om morgnen mærkede man straks den fremmede
On the morning noticed one immediately the strange
(In) (they)

ælling, og katten begyndte at spinde og hønen at
duckling and the cat began to purr and the hen to

klukke.
cluck

"Hvad for noget!" sagde konen, og så rundt
What for something said the old woman and looked round

omkring, men hun så ikke godt, og så troede
around in a circle but she saw not well and so believed

hun, at ællingen var en fed and, der havde forvildet
she that the duckling was a fat duck that had lost

sig. "Det var jo en rar fangst!" sagde hun, "nu kan
itself That was well a rare catch said she now can

jeg få andeæg, er den bare ikke en andrik! det må
I get duck eggs is it just not a male duck that may

vi prøve!"
we test

78

Og så blev ællingen antaget på prøve i tre uger,
And so became the duckling taken on at test in three weeks
(taken in)

men der kom ingen æg. Og katten var herre i
but there came no egg And the cat was lord in

huset og hønen var madamme, og alle tider sagde
the house and the hen was madam and all times said
(lady)

de: "vi og verden!" for de troede, at de var
they we and the world for the believed that they were

halvparten, og det den allerbedste del. Ællingen
the half and it the all-best part The duckling

syntes, at man kunne også have en anden mening,
felt that one could also have an other opinion

men det tålte hønen ikke.
but that tolerated the hen not

"Kan du lægge æg?" spurgte hun.
Can you lay eggs asked she

"Nej!"
No

"Ja, vil du så holde din mund!"
Yes will you then hold your mouth (shut)

Og katten sagde: "Kan du skyde ryg, spinde og
And the cat said Can you shoot back spin and
(purr)

gnistre?"
sparkle

"Nej!"
No

"Ja så skal du ikke have mening, når fornuftige
Yes then shall you not have opinion when sensible

folk taler!"
people speak

Og ællingen sad i krogen og var i dårligt humør;
And the duckling sat in the corner and was in (a) bad mood

da kom den til at tænke på den friske luft og
then came it for to think on the fresh air and
(of)

solskinnet; den fik sådan en forunderlig lyst til at
the sunshine it got such a wondrous lust for to

flyde på vandet, til sidst kunne den ikke lade være,
float on the water at last could it not let be
(swim)

den måtte sige det til hønen.
it must say that to the hen

"Hvad går der af dig?" spurgte hun. "Du har ingen
What goes there of you asked she You have no

ting at bestille, derfor kommer de nykker over dig!
thing to order therefore come these whims over you

læg æg eller spind, så går de over."
lay eggs or purr so go they over
(away)

"Men det er så dejligt at flyde på vandet!" sagde
But it is so nice to float on the water said

ællingen, "så dejligt at få det over hovedet og dukke
the duckling so nice to get it over the head and dive

ned på bunden!"
down on the bottom
(to)

"Ja det er en stor fornøjelse!" sagde hønen, "du er
Yes thet is a great pleasure said the hen you are

nok blevet gal! Spørg katten ad, han er den
enough become crazy Ask the cat at he is the

klogeste, jeg kender, om han holder af at flyde på
smartest I know if he holds of to float on
likes

vandet, eller dykke ned! jeg vil ikke tale om mig.
the water or dive down I want not speak about myself

- Spørg selv vort herskab, den gamle kone, klogere
Ask even our mistress the old woman wiser

81

end hende er der ingen i verden! tror du, hun har
than her is there none in the world believe you she has

lyst til at flyde og få vand over hovedet!"
lust for to float and get water over the head

"I forstår mig ikke!" sagde ællingen.
You understand me not said the duckling
You don't understand me

"Ja, forstår vi dig ikke, hvem skulle så forstå
Yes understand we you not who shall then understand

dig! Du vil dog vel aldrig være klogere end katten
you You want however well never be smarter than the cat

og konen, for ikke at nævne mig! Skab dig ikke,
or the woman for not to name me Scab yourself not

barn! og tak du din skaber for alt det gode, man
child and thank you your scabs for all that good one

har gjort for dig! Er du ikke kommet i en varm
has done for you Are you not come in a warm

stue og har en omgang, du kan lære noget af!
living room and have an intercourse you can learn enough from
(other people)

men du er et vrøvl, og det er ikke morsomt at
but you are a nonsense and that is not funny to

omgås dig! mig kan du tro! jeg mener dig det
go around with you me can you believe I mean you it
(deal)

godt, jeg siger dig ubehageligheder, og derpå skal
well I say you not nice things and there-on shall

82

man kende sine sande venner! se nu bare til, at du
one know ones true friends see now just to that you

lægger æg og lærer at spinde eller gnistre!"
lay aggs and learn to purr or sparkle

"Jeg tror, jeg vil gå ud i den vide verden!" sagde
I believe I want to go out in the wide world said

ællingen.
the duckling

"Ja, gør du det!" sagde hønen.
Yes do you that said the hen

Og så gik ællingen; Den flød på vandet, den
And so went the duckling It floated on the water it

dykkede ned, men af alle dyr var den overset for
dove down but of all animals was it overseen for
(avoided)

sin grimhed.
its ugliness

Nu faldt efteråret på, bladene i skoven blev gule
Now fell the after-year on the leaves in the forest became yellow
(autumn)

og brune, blæsten tog fat i dem, så de dansede
and brown the wind took hold in them so they danced

omkring, og oppe i luften så der koldt ud; skyerne
around and up in the air looked it cold out the clouds

83

hang tunge med hagl og snefnug, og på gærdet
hung thick with hail and snowflake and on the headboard

stod ravnen og skreg "av! av!" af bare kulde; ja
stood the raven and cried craw craw of pure cold yes

man kunne ordentlig fryse, når man tænkte derpå; den
one could truly freeze when one thought on it the

stakkels ælling havde det rigtignok ikke godt.
poor duckling had it truly not good

En aften, solen gik så velsignet ned, kom der en
One evening the sun went so blessedly down came there a

hel flok dejlige store fugle ud af buskene, ællingen
whole flock (of) lovely large birds out of the bushes the duckling

havde aldrig set nogen så smukke, de var ganske
had never seen something so gorgeous they were all

skinnende hvide, med lange, smidige halse; det var
shining white with long supple necks it were

svaner, de udstødte en ganske forunderlig lyd, bredte
swans they pushed out a very wondrous sound stretched

deres prægtige, lange vinger ud og fløj bort fra de
their wonderful long wings out and flew away from the

kolde egne til varmere lande, til åbne søer! de steg
cold regions to warmer lands to open lakes they rose

så højt, så højt, og den lille grimme ælling blev så
so high so high and the little ugly duckling became so

forunderlig til mode, den drejede sig rundt i vandet
wondrous to mood it turned itself around in the water

ligesom et hjul, rakte halsen højt op i luften efter
like a wheel stretched the neck high up in the air after

dem, udstødte et skrig så højt og forunderligt, at
them pushed out a screech so high and wondrous that

den selv blev bange derved. Oh, den kunne ikke
it self became afraid there-with Oh it could not
(of it)

glemme de dejlige fugle, de lykkelige fugle, og så
forget the lovely birds the happy birds and as

snart den ikke længere øjnede dem, dukkede den lige
soon it not longer discerned them dove it right

ned til bunden, og da den kom op igen, var den
down to the bottom and when it came up again was it

ligesom ude af sig selv. Den vidste ikke, hvad fuglene
just like out of itself self It knew not what the birds

hed, ikke hvor de fløj hen, men dog
were called not where they flew to but however

holdt den af dem, som den aldrig havde holdt af
held it of them as it never had held of
loved he them loved

nogen; Den misundte dem slet ikke, hvor kunne det
something It envied them at all not where could it

falde den ind at ønske sig en sådan dejlighed, den
fall it inside to wich himself one such loveliness it

ville være glad, når bare dog ænderne ville
wanted to be happy when just however the ducks wanted

have tålt den imellem sig! – det stakkels
to have tolerated it between themselves the poor

grimme dyr!
ugly animal

Og vinteren blev så kold, så kold; ællingen måtte
And the winter became so cold so cold the duckling must

svømme om i vandet for at holde det fra at fryse
swim around in the water for to keep it from to freeze

rent til; men hver nat blev hullet, hvori den
clean to but each night became the hole where-in it
(over)

svømmede, smallere og smallere; det frøs, så det
swam smaller and smaller it froze so it

knagede i isskorpen; ællingen måtte altid bruge
gnawed in the ice body the duckling must always use

benene, at vandet ikke skulle lukkes; til sidst
the legs (so) that the water not shall close to last

blev den mat, lå ganske stille og frøs så fast i
became it weak lay all quiet and froze so stuck in

isen.
the ice

Tidlig om morgnen kom en bondemand, han så den,
Early in the morning came a farmer he saw it

gik ud og slog med sin træsko isen i stykker
went out and struck with his wood-shoes the ice in pieces
(clogs)

og bar den så hjem til sin kone. Der blev den
and carried it so home to his wife There became it

livet op.
lived up
nursed back to life

86

Børnene ville lege med den, men ællingen troede,
The children wanted to play with it but the duckling believed

at de ville gøre den fortræd, og fór, i
that they wanted to do it mischief and fared in
(moved up)

forskrækkelse, lige op i mælkefadet, så at mælken
fright straight up into the milk vat so that the milk

skvulpede ud i stuen; konen skreg og slog
splashed out in the living room the woman screamed and struck

hænderne i vejret, og da fløj den i truget, hvor
the hands in the air and then flew it in the trough where

smørret var, og så ned i meltønden og op igen;
the butter was and then down in the flour barrel and up again

nå, hvor den kom til at se ud! og konen skreg
when how it came for to see out and the woman screamed
look like

og slog efter den med ildklemmen, og børnene løb
and struck after it with the fire tong and the children ran

hinanden over ende for at fange ællingen, og de
each other over behind for to catch the duckling and they

lo, og de skreg! - godt var det, at døren stod
laughed and the screamed good was it that the door stood

åben, ud fór den imellem buskene i den nyfaldne
open out went it between the bushes in the newly fallen

sne - der lå den, ligesom i dvale.
snow there lay it like in (a) stupor

Men det ville blive alt for bedrøveligt at fortælle al
But it wanted becomes all to sad to tell all

den nød og elendighed, den måtte prøve i den
the suffering and misery it must experience in that

hårde vinter – – den lå i mosen mellem rørene,
hard winter it lay in the swamp between the reeds

da solen igen begyndte at skinne varmt; lærkerne
when the sun again began to shine warm the larks

sang – det var dejligt forår.
sang it was (a) lovely spring

Da løftede den på en gang sine vinger, de bruste
Then lifted it at one time its wings they swooshed

stærkere end før og bar den kraftigt af sted; og
stronger than before and carried it powerfully off place and
away

før den ret vidste det, var den i en stor have,
before it right knew it was it in a large garden

hvor æbletræerne stod i blomst, hvor syrenerne
where the apple trees stood in bloom where the lilacs

duftede og hang på de lange, grønne grene lige ned
smelled and hung on the long green branches right down

imod de bugtede kanaler! Oh her var så dejligt, så
towards the winding canals Oh here was (it) so lovely so

forårsfriskt! og lige foran, ud af tykningen, kom tre
spring fresh and right ahead out of the thicket came three

dejlige, hvide svaner; de bruste med fjerene og
lovely white swans they swooshed with the feathers and

88

flød så let på vandet. Ællingen kendte de
floated so light on the water The duckling recognized the

prægtige dyr og blev betaget af en forunderlig
beautiful animals and became taken of a wondrous
(by)

sørgmodighed.
sadness

"Jeg vil flyve hen til dem, de kongelige fugle! og
I want to fly away to them the royal birds and

de vil hugge mig ihjel, fordi jeg, der er så styg,
they will cut me to death because I who am so ugly

tør nærme mig dem! men det er det samme!
dare approach myself (to) them but that is the same
I do not care

bedre at dræbes af dem, end at nappes af ænderne,
better to be killed by them than to be nabbed by the ducks

hugges af hønsene, sparkes af pigen, der passer
pecked by the hens kicked by the girl who guards

hønsegården, og lide ondt om vinteren!" og den fløj
the duck-yard and suffer harm around the winter and it flew

ud i vandet og svømmede hen imod de prægtige
out in the water and swam away towards the wonderful

svaner, disse så den og skød med brusende fjer
swans these saw it and shot with swooshing feathers

hen imod den. "Dræb mig kun!" sagde det stakkels
away towards it Kill me just said the poor

dyr, og bøjede sit hoved ned mod vandfladen og
animal and bowed its head down towards the water surface and

89

ventede døden, – men hvad så den i det klare
awaited the death but what saw it in the clear

vand! den så under sig sit eget billede, men den
water it saw under itself its own image but it

var ikke længere en kluntet, sortgrå fugl, styg og
was not longer a lumbering black-gray bird grim and

fæl, den var selv en svane.
ugly it was itself a swan

Det gør ikke noget at være født i andegården, når
That does not something to be born in the duck yard when

man kun har ligget i et svaneæg!
one only has lain in a swan egg

Den følte sig ordentlig glad over al den nød og
It felt itself quite happy over all the suffering and

genvordighed, den havde prøvet; nu skønnede den
setback it had experienced now beautified it

just på sin lykke, på al den dejlighed, der hilste
only on her happiness on all the loveliness that greeted

den. – Og de store svaner svømmede rundt omkring
it And the large swans swam round around

den og strøg den med næbbet.
it and stroked it with the beak

I haven kom der nogle små børn, de kastede
In the garden came there some little children they threw

brød og korn ud i vandet, og den mindste råbte:
bread and grain out in the water and the smallest shouted

"Der er en ny!" og de andre børn jublede med:
There is a new (one) and the other children cheered along

"Ja der er kommet en ny!" og de klappede i
Yes there is come a new (one) and they clapped in
(has)

hænderne og dansede rundt; løb efter fader og moder,
the hands and danced round ran after father and mother
(to)

og der blev kastet brød og kage i vandet, og alle
and there became thrown bread and cake in the water and all

sagde de: "Den nye er den smukkeste! så ung og
said they The new (one) is the most so young and

så dejlig!" og de gamle svaner nejede for den.
so lovely and the old swans curtsied for it

Da følte den sig ganske undselig og stak hovedet
Then felt it itself all bashful and stuck the head

om bag vingerne, den vidste ikke selv hvad! den var
around back the wings it knew to even what it was

alt for lykkelig, men slet ikke stolt, thi et godt
all too happy but at all not proud since a good

hjerte bliver aldrig stolt! den tænkte på, hvor den
heart remains never proud it thought on how it

havde været forfulgt og forhånet, og hørte nu alle
had been chased and mocked and heard now all

sige, at den var den dejligste af alle dejlige fugle;
say that it was the loveliest of all lovely birds

og syrenerne bøjede sig med grenene lige ned
and the lilacs bowed themselves with the branches straight down

i vandet til den, og solen skinnede så varmt og så
in the water to it and the sun shone so warm and so

godt, da bruste dens fjer, den slanke hals hævede
good then rustled its feathers the slender neck reared

sig, og af hjertet jublede den: "Så megen lykke
itself and from the heart rejoiced it So much happiness

drømte jeg ikke om, da jeg var den grimme ælling!"
dreamed I not of when I was the ugly duckling

Made in the USA
Las Vegas, NV
27 January 2024

84951584R00062